무슬림 여성

이슬람 연구 ③

무슬림 여성

엮은이 · 이슬람연구소 전재옥
초판 1쇄 찍은날 · 1997년 6월 28일
초판 1쇄 펴낸날 · 1997년 7월 7일
펴낸이 · 김승태
영업 · 김석주
등록번호 · 제2-1349호(1992.3.31)
펴낸곳 · 예영커뮤니케이션
주소 · 110-616 서울 광화문우체국 사서함 1661
　　　(출판부) T.267-0161~4 F.267-0165
　　　(출판유통사업부) T.325-7971 F.325-7970
　　　E-mail · Jeyoung @ Chollian.dacom.co.kr

ISBN 89-85313-06-1

© 1997, 이슬람연구소, T.362-7580

값 6,000원

이슬람 연구 3

무슬림 여성

이슬람연구소 전재옥 엮음

예영커뮤니케이션

이슬람연구 제3권을 내면서

　이슬람연구소가 작은 발걸음을 내디딘 지 만 4년이 지났습니다. 여기 부끄러움을 뒤로 감추고, 그동안 열렸던 작은 세미나의 강의 자료들을 정리해서 세 번째 연구지로 내어 놓습니다. 이번에는 무슬림 여성을 주제로 하였습니다. 무슬림 여성 엘리트들은 이슬람 세계에서 여성의 베일이 단순히 문화적인 차원을 넘어서 정치적인 억압 수단으로 이용되고 있다고 말합니다. 사실 한국에 있는 우리에게도 멀고 먼 이야기로만 들리지는 않습니다.

　이러한 소박한 자료라도 감히 출판하기로 한 것은 최근 수년간 이슬람 세계로 나가서 활동하기 시작한 많은 한국의 젊은이들과 곧 그들의 뒤를 따를 분들께 작은 선물이 되기를 바라는 마음에서 입니다. 복음이 문화를 통하여 전달되고 다양한 무슬림들이 사는 특정한 상황 속에서 수용된다는 원리를 생각하면, 정성을 다해서 그들의 상황을 이해하고 그것에 맞추어서 활동하는 것이 요구됩니다. 특히 무슬림 인구의 반이 되는 6억 무슬림 여성에 관한 이해는 필수적인 것입니다. 어떤 문화를 그저 표면적으로 관찰하고 적당히 편견을 갖는 데서 한 단계 나아가 왜 그러한 모습을 갖게 되었는지 보다 깊이 생각할 수 있다면, 우리는 그들을 향한 연민을 한 아름 가지게 될 것입니다. 바로 그런 따뜻한 가슴으로 무슬림 여성과 남성들에게 다가갔으면 하는 것입니다.

　이 작은 연구지를 통해 독자 여러분께서 무슬림을 향한 살깊은 연민과 이해를 가질 수 있다면 더 바랄 것이 없겠습니다. 서로에 대한 무지와 편견은 지구촌 곳곳을 반목과 전쟁으로 파괴시키고 있습니다. 이슬람 연구소는 평화와 화목의 선교를 힘 닿는 데까지 계속해 나갈 것입니다.
　이슬람연구소를 이미 알고 있고 또 앞으로 사귀게 될 모든 분들께 평화를 빕니다.

1997년 5월 13일
이슬람연구소 이사장 전재옥

차례

CONTENTS

무슬림 여성 : 어제와 오늘

전재옥*

Ⅰ. 머리말

이슬람교는 1970년대에 들어와 정치, 경제적 이유로 한국에서 관심을 모으게 되었다. 60년대 후반까지만 해도 대학교육 기관에서 이슬람교는 하나의 독립된 과목으로 개설이 되지 못하고 종교학 또는 세계 종교라는 과목의 관련 부분으로서 다루어져 왔다. 또 이슬람을 전공한 교수가 이슬람을 강의하는 기관은 드물고, 이슬람학 교수의 희소성으로 인해 70년대 후반까지는 이슬람에 대해 학문적인 관심을 갖지 못하였다. 그러나 아랍어과를 신설한 몇 대학에서 본격적으로 이슬람을 학문적으로 검토함에 따라 연구는 제 궤도에 접어들게 되었다.[**]

그리고 80년대부터는 이슬람을 연구하는 학회도 설립되었다. 예를 들

---

* 이화여대 인문대 기독교학과 교수
** 외국어대 아랍어과는 1967년에, 명지대 아랍어과는 1976년도에 신설.

면 한국 중동학회를 들 수 있다.

이슬람을 학문적으로 접근하기 위해서는 아랍어가 필수적이며 아랍어로 된 꾸란을 읽지 않고는 이슬람 연구가 어렵다. 최근에는 이슬람 연구 발표가 정기적으로 이루어지면서 학문적 관심이 높아져 가고 있다. 지금까지의 이러한 연구의 추세는 한국인으로서 이슬람을 신앙으로 받아들인 한국인 신도의 입장에서의 이슬람에 대한 본격적 연구가 이루어져 왔다고 볼 수 있다. 여성으로서는 이 분야에서 무슬림 신도로서 활동하는 학자가 없다 해도 과언이 아니다. 왜냐하면 이슬람권에서는 종교 연구 영역에 대한 여성의 학문적 진출이 어렵기 때문이다. 그러므로 한국 이슬람학자들은 거의 모두 남성이며 이슬람을 따르는 자들이라 할 수 있다. 이러한 상황을 고려할 때, 이 논문은 기독교 여성의 관점에서, 그리고 선교신학적 관점에서, 또 한국인 선교사가 경험한 이슬람권 문화를 배경으로 씌여졌다는 점이 고려되어야만 한다.

본고의 제Ⅰ장은 서론으로 논문의 접근 방법, 한계, 목적을 언급한다. 제Ⅱ장은 꾸란에 나타난 여성관을 다루는데, 여기에서는 예언자 무함마드의 여성관을 주로 다룬다. 하디스는 포함되지 않았고 꾸란의 '여성의 장'을 중심으로 자료를 찾아 보았다. 제Ⅲ장에서는 현대 무슬림 여성에 대한 이해를 원리주의적 관점에서 아불 알라 마우두디의 주장을 중심으로 하고 있다. 그리하여 꾸란의 여성상이 변화하는 무슬림 세계 속에서 어떻게 받아들여지고 있는가에 관한 주요 흐름을 알 수 있게 될 것이다. 제Ⅳ장에서는 현대주의 관점에서 본 무슬림 여성에 관한 이해를 다루며 이에 대한 몇 학자의 견해가 제시될 것이다. 제Ⅴ장은 현대 파키스탄 여성운동의 관점에서 본 무슬림의 여성 문제들을 다루며 이를 위해 부토 여사의 여권 선언서와 아크바르 아흐마드의 견해를 살펴보게 될 것이다. 마지막으로 제Ⅵ장에서는 선교적 차원에서 볼 때 파키스탄 무슬림 여성에 대해 한국교회 여성의 바람직한 의식구조의 전환의 필요성을 인식시키고자 하였다.

　　이러한 전체적 구조 속에서 본 논문은 현대 무슬림 여성이해를 위해 파키스탄 여성을 선택하였다. 파키스탄은 이슬람 공화국으로[1] 1947년에 탄생되어 이슬람 법, 샤리아대로 이슬람을 부흥시키는데 온 관심을 집중하고 있다. 파키스탄은 20세기 중반에 새로이 세워진 나라로 변화의 기운이 강한 곳이므로 꾸란의 여성상과 현대 무슬림 여성이해의 비교를 위한 좋은 사례가 된다고 볼 수 있다.

　　또 꾸란의 여성을 다루는데 있어서 주로 가정에서의 여성의 위치, 여성의 결혼과 이혼문제를 중심으로 검토하였다. 그것은 꾸란의 '여성의 장'과 그 외의 자료들이 여성에 대해 주로 성, 결혼, 이혼, 상속 등 가정의 테두리 안에서의 문제를 전적으로 가르치고 있기 때문에 본 논문의 범위를 좁히기로 하였다. 또 꾸란에서 언급되고 있는 여성에 관한 구절들에 근거하여 이슬람의 여성관을 검토하는 과정에서 자연스럽게 위의 주제들에 집중하게 되었다.

　　꾸란 이외의 문헌조사에서도 이슬람의 여성에 관한 것은 주로 의상, 성, 결혼 등을 언급하고 있고 이에 대한 견해는 대개 두 흐름에 따라 달리 전개되는 것으로 나타났다. 두 흐름이란 이슬람의 원리주의 입장과 현대 세계에 적응하고자 하는 서구 교육을 받아 서구를 의식하며, 개혁과 적응을 하려는 개혁 적응주의 흐름이다.[1]

　　논문의 한계점으로 지적되어야 하는 것은 꾸란에서 여성의 죽음 이후의 문제, 부활의 문제에 대한 가르침이 중요한 영역인 만큼 빈약하게나마 언급이 되었어야 하는 아쉬움이 없지 않다. 이러한 한계를 의식하면서 꾸란의 여성관을 이해하고자 한 것이다.

---

1) Richard Symonds, *The Making of Pakistan*, 1950.

Ⅱ. 꾸란의 여성관

1. 꾸란의 의미

꾸란은 114장(수라)으로 구분되어 있는데 크게 메디나 장과 메카 장으로 나뉘며, 이것은 예언자 무함마드가 23년간 구두로 가르친 것을 기록한 경전이다. 꾸란이 아랍어로 읊어지고 전달되어야만 그 의미가 있다는 것은 이슬람 신조의 하나이다. 꾸란은 아랍어로 계시된 것을 내용으로 하며, 다른 언어로 번역되어서는 안 되며 번역될 수 없다는 것이 이슬람의 입장이다.[2]

다른 언어로 번역이 되면 그것을 '꾸란의 해석', 또는 '꾸란의 의미'라고 하며 '꾸란 경전'이라고는 하지 않는 것이 무슬림의 전통이다. 꾸란은 무슬림에게는 계시의 말씀이며 본래는 도덕과 예배의 가르침을 주는 책이었으나, 민법과 헌법의 기능도 한다. 이슬람 공동체(움마)의 제 문제에 대한 답을 주는 책으로 "깔람 알라"(하나님의 말씀)인 것이다. 인간은 이 말씀에 복종(이슬람)함으로써 살 수 있고 바르게 살 수 있다는 것이다.

또 꾸란은 인간의 창작이 아니라 계시된 것으로서 그 내용을 실천에 옮기는 것이 하나님께 드리는 예배라고 가르친다. 꾸란에는 도덕적 가르침이 강하게 나타나고 있으며 특히 가난하고 불쌍한 자에 대한 책임과 구제를 강조한다. 가난하고 불쌍한 자에 대한 대표적인 묘사는 여성과 아이, 과부와 고아로 조명되고 있다. 이것은 이슬람의 창시자 무함마드의 생애에서 고아의 경험[3]과 그의 아내, 카디자의 과부였던 기간의 경험

---

2) L.Sanneh, *Translating the Message*, Orbis, 1989. p. 212.
3) W.M.Watt, *Muhammad*, Oxford. 1961. p. 7.

이 반영된 것으로 보인다. 꾸란은 여성과 아이에 대한 가르침을 통하여 사회정의를 강조하며 이것이 꾸란 내용의 상당한 비중을 차지하고 있다. 꾸란의 알라는 정의의 하나님으로 불쌍하고 바르게 사는 자에 대해 자비를 베푼다. 꾸란의 각 장의 첫 문장은 알라의 자비에 대한 선포이다. 114장 중에서 하나의 장을 제외하고는 모두 "자비로우시고 자애로우신 알라의 이름으로"라는 구절로 시작된다.

2. 꾸란 제4장 "니싸"를 통해 본 예언자 무함마드의 여성관

니싸(여인의 장이라는 뜻)라고 기록된 이 장은 메디나 시기의 자료로 예언자 무함마드의 후기 가르침이다. 이슬람 공동체가 형성되고 성장하면서 겪은 투쟁과 전쟁의 배경을 짐작하게 하는 가르침으로 여성에 관한 가르침이 많기 때문에 여성의 장으로 알려졌고, 고아, 결혼, 이혼, 유산, 가족의 권리에 관하여 다루고 있다. 여기에서 여성에 관한 대표적 구절만을 인용한다.

수라 4:3[4]; "만일 너희들이 고아에게 하지 못할 것 같이 생각되면 누군가 마음에 드는 두 명, 세 명, 네 명의 여자와 결혼해도 좋다. 만일 공평하지 못한 생각이 들게 된다면 한 명으로 한다든가 너희 바른손에 소유하고 있는 것으로 하라. 그러면 불공평하게 될 염려가 없다. "

수라 4:11; "너희들 자녀들에 관해 알라께서는 다음과 같이 명령하셨다. 남자애들에게는 여자 두 사람 몫을, 그리고 만일 여자애가 두 사람 이상 있을 때는 그녀들은 유산의 3분의 2를 갖는다. "

수라 4:34; "남자는 여자보다 우위에 있다. 알라께서 서로간에 우열을 붙인 것으로서 또한 남자가 생활에 필요한 돈을 대고 있기 때문에 이러한 점에서 남자가 여자보다 우위에 있으며 따라서 정숙한 여자는 남자에

---

4) 김용선, 『뜻 꾸란』 上 p.124.

게 순종하고 …. 수라 2:228에도 "남자가 여자보다 좀 위에 있기는 하지만 여자들은 자기가 하여야 할 것 만큼의 대우를 받을 권리가 있다."라고 기록되었다.

다음의 구절은 여성이 알라의 피조물로서 남성과 동격으로 기록되어 있다.

수라 4:1; "인간들아 너희들의 주를 공경하라. 너희들을 단 한 사람으로부터 만들어 내시고 그 일부에서 배우자를 만드시고 이 두 사람으로부터 무수한 남자와 여자를 지상에 잉태하시었다."(비교 수라 51:49; "우리는 …모든 것을 짝으로 만들었다.")

꾸란은 피조물로서의 여성이 본질적으로 남성과 같은 것을 인정한다. 알라의 창조로 두 성(남성과 여성)은 알라의 보살핌과 축복의 대상이다. 그러나 여성은 수라 4장의 기록에 의존한다면 남성의 지배를 받는다. 동시에 꾸란의 정신은 여성의 열등함을 지적하는 것이 아니라 여성이 그 사회에서 보호를 받고 신분을 보장받으며 인간으로서 자리를 찾아 살 수 있게 하는 것이었다. 인간은 약하므로 악과 유혹에 빠져버리기 쉬우므로 이에 대한 제도적 장치로서 가정과 결혼이 여성의 삶의 공간으로 제시되었다. 여성에게 결혼은 선택이 아니라 절대적 제도로서 따라야만 하는 것이다. 당시의 아랍 사회에서 꾸란의 여성에 관한 가르침은 혁신적이며, 그 문화 안에서는 여성의 참 모습을 찾아주려는 개혁적 노력이었다. 여성은 이슬람 이전에 아랍 세계에서 신분의 보장이 없었다.

예언자 무함마드는 당시 아랍 세계에서 여자 아이들이 버림을 당하고 노예로 사고 팔리우고, 결혼의 보장도 없이 이혼당하는 불쌍한 처지에 있는 여성의 존엄성을 가르치고 실제로 실천한 것으로 볼 수 있다. 꾸란 시대의 문화와 아랍세계의 비인간적 여성의 삶에 비추어서 생각해 보면 꾸란의 정신은 여성의 비인간화를 조장하는 것일 수 없었으며 예언자 무함마드는 더 나은 여성의 삶을 위한 종교적·정치적 개혁을 시도한 것이다.

다음과 같이 수라 4장은 구절마다 여성과 관계된 가르침으로 가득하며, 매우 구체적 상황을 지적해 준다.

수라 4:127 ; "사람들이 여자의 일을 가지고 의견을 물으러 올지 모른다. 그러면 여자에 관해서는 알라 자신이 너희들에게 그녀들에 대한 판정을 내리신다. 그리고 너희들이 규정한 재산을 아직 주지 않고 더욱이 자기의 처로 삼으려고 생각하고 있는 고아 아이라든가 불쌍한 어린 아이라든가 또 고아를 올바로 취급하지 않으면 안 된다는 등 성전(聖典) 중에서 특히 이러한 점을 읽어 들려 주어라."

수라 4:124 ; 남자이건 여자이건 믿음이 깊은 자는 누구든지 낙원에 들어가 대추씨 만큼도 부당한 취급을 받지 않는다." 종교적으로는 남녀의 구별이 없이 은총과 심판이 있다고 하는 사실을 위 구절을 통해 읽을 수 있다.[5]

예언자 무함마드는 자기의 가정과 그의 아내, 카다자를 통하여 이슬람의 이상적 여성상을 제시했고 가르쳤다. 무함마드 당시 아랍 세계의 여성의 위치는 매우 불투명하고 불안하고 비인간적인 대우를 받는 것으로 알려져 있는데, 메카에는 극히 소수의 여성들이 독립적으로 사업을 할 수 있었을 뿐이었다.[6]

메카에서 아랍인들은 쉽게 이혼을 하였고 남자들은 카라반 여정과 부족간의 전쟁으로 높은 사망률을 보였다. 남자가 여자보다 일찍 죽음으로써 한 여자가 세번 또는 네번까지 차례로 결혼을 하는 경우가 생겼다. 그것은 유능한 여자에게 유산이나 위자료로 사업을 하여 경제적으로 독립하는 계기를 열어 주었다. 예언자 무함마드의 첫번째 결혼의 대상이었던 카디자는 무함마드와의 결혼 전에 두 남편이 있었고 부유한 여사장격

---

5) 전재옥, "이슬람교 이해", 이대논총 1990년 12. Vol. 58, pp. 26-28.
6) W. M. Watt, *Muhammad*, 1961, p. 10.

의 인물로 알려졌다. 카디자는 소수의 독립적 여성 중의 한 사람이었던 것이다. 예언자 무함마드는 이 첫번째 부인에게서 이상적인 무슬림 여성상을 형성하게 되었을 것이다. 예언자 무함마드의 생애에서 카디자와의 만남과 결혼은 그로 하여금 이슬람의 창시자로서의 방향을 잡게 하였던 것이다. 카디자는 무함마드가 가브리엘이라는 천사의 음성을 듣고 정신 착란 증세가 아닌가하고 불안해 하고 회의에 빠졌을 때, 그를 믿어 주고 그의 계시의 사건을 인정하였다고 한다.

무슬림 학자들이 거의 동의하는 바는 이슬람의 첫번째 개종자는 카디자라는 것이다. 카디자에게 와라까라는 사촌이 있었으며, 그는 기독교인이었고 성서에 관해 상당한 지식을 갖고 있었다고 한다. 그러므로 카디자와의 대화에서 성서 이야기가 전달되었을 것으로 보며 꾸란의 많은 신구약 내용이 선택적으로, 때로는 왜곡되어 인용이 된 것에서 카디자의 영향이 있었다고 볼 수도 있다. 이것은 무함마드의 계시 내용에 간접적으로 작용한 것으로 이해 할 수 있다. 와라까는 무함마드를 만났고 무함마드의 계시 내용에 간접적으로 작용한 것으로 이해 할 수 있다. 와라까는 무함마드를 만났고 무함마드의 계시 내용을 성서와 관련시켜 격려해 준 것으로도 본다.[7]

이것은 매우 중요한 무함마드의 종교적 출발점인데 그것이 부인 카디자에 의한 것이었다는 것이 주목된다. 카디자가 죽기까지 무함마드는 다른 여자와 결혼하지 않았으며, 다른 아내가 없었다. 카디자의 죽음 이후 무함마드는 곧 싸우다라는 과부와 결혼하였고 이것은 싸우다가 무슬림이 아닌 남자에게 결혼을 하지 않도록 했던 정치적 결혼이었다고 한다. 그 후 무함마드는 이미 세 명의 아내가 있었는데도 자이납과 결혼을 또 했다. 자이납과의 결혼은 무함마드의 결혼에 있어서 문제가 되었는데 그것

___

7) W.M.Watt, *Muhammad*, 1961, p.40.

은 그가 여러 아내가 있는데에도 불구하고 결혼한 것 때문이 아니라, 자이납이 무함마드의 양자, 자이드의 아내였고, 무함마드와의 결혼을 위하여 이혼했던 여자였기 때문이었다.

무함마드의 여러 번의 결혼은 거의 다 정치적 동기가 컸다고 볼 수 있다. 그의 아내들의 배경이 과부, 아이, 이혼녀, 처녀 등 다양했다는 점은 당시의 여성과 결혼에 조명해 주는 점이 많다. 그러므로 무함마드의 여성관이 그의 아내들과의 관계에서 형성되었다는 점을 지적할 수 있다. 또 무함마드는 여성들에 대한 보살핌과 공평한 사랑의 강조, 유산, 상속, 결혼 지참금, 위자료에 대한 지시 등에 관한 언급을 반복하였다. 무함마드는 결혼과 가정에서의 여성의 위치가 가리워지게 했지만, 인간으로서의 여성, 피조물로서의 여성은 알라 앞에서 남성과 똑같이 은총과 심판의 대상으로 본 것 같다. 다음 장에서는 여성에 대한 현대 무슬림 학자들의 논쟁을 두 대표적 흐름에 따라 검토하겠다.

Ⅲ. 현대 파키스탄 무슬림 여성의 이해 -원리주의 관점으로-

1. 원리주의의 부흥 이해

이슬람 공화국으로 1947년에 새로이 탄생한 파키스탄은 서구의 식민정책으로 200여 년간 눌림을 받아온 이슬람 정신의 깨어남의 표현이었고, 현대화로 인한 가치관의 변화를 일으켰다. 이것은 이슬람 문화 속에서 이슬람 전통을 되찾으려는 종교적 부흥운동의 결과이며 정치적 결실이었다.

이 장에서는 이슬람교의 여성이 현대에 들어와 어떤 위치에 있는가를 검토한다. 더 구체적으로는 파키스탄의 무슬림 여성을 대상으로 하여, 꾸란의 여성관이 현대에 어떻게 이해되고 적용되고 있는가를 밝히고자 한다. 이러한 맥락에서 파키스탄 사상가이며 법학자인 마우두디(S. Abul Ala Maududi)와 아미르 알리(Ameer Ali)를 통하여 이해하고자 한다. 마우두디는 현대 이슬람교 부흥의 주도 세력이라고 할 수 있는 원리주의의 대표적 인물이며, 파키스탄에서는 자마엇대 이슬라미(Jamaat Islami) 정당의 대변자이다. 아미르 알리는 이슬람 정신의 부흥과 현대 이슬람 국가의 탄생을 예언하였다. 이슬람교의 부흥을 위한 그의 예언적 역할에도 불구하고 서구의 문화, 현대 교육의 방법론을 도입하여 적응주의의 길을 간 사상가이며 파키스탄 형성의 3명의 대표적 공헌자들 중 한 명이기도 하다. 즉 사이드 아흐마드(Syed Ahmad), 아미르 알리, 그리고 무함마드 이끄발(M. Iqbal)의 3인 중 한 사람이다. 시대적으로 아미르 알리(1849-1928)는 지난 세대에 속한다고 할 수 있으나 그의 영향력은 여전히 계속되고 있다. 그와 같은 흐름에 따르는 현대 이슬람 학자로는 화줄르 라흐만(Fazlur Rahman)을 들 수 있다.

서구의 이슬람 학자로 인정받고 있는 케네스 크랙(Kenneth Cragg)[8]은 파키스탄에서 여성의 위치와 역할이 점차로 원리주의 특징을 보여주고 있으며, 이것은 정치적으로 여성에게 강요되는 원리주의라고만 평가될 수 없고, 여성 스스로 복고주의, 꾸란으로 되돌아가자는 원리주의를 실천하고 있는 것이라고 말한다.

첫째, 의상 문제로는 무슬림 여성이 얼굴과 몸을 가리는 베일을 철저히 쓰려는 것으로 가장 두드러지게 나타난다. 베일이라는 것은 꾸란에서 여성의 바람직한 의상, 예의의 표현, 정숙한 여인의 단장으로 높이 인정되고 있다.

둘째, 남성이 여성의 생활 공간 및 활동 공간을 제한하는 경향으로 이것은 여성의 베일을 쓰는 것과 무관한 것이 아니다.

---

8) Kenneth Cragg "Contemporary Trends in Islam" in *Muslims and Christians on the Emmaus Road*: ed. D. Woodberry, MARC, 1989 p. 31.

셋째, 여성 해방의 허용을 반대하여 여성해방을 무슬림 가정 파괴의 불안 요인으로 지적한다(사우디에서는 법적으로 여자가 운전을 할 수 없게 되어 있다).

즉 이슬람법 샤리아를 강화하는 추세가 현대 파키스탄에서 강해진 것이다. 이슬람교는 본질적으로 원리주의적이라 할 수 있는데 그것은 꾸란이 번역될 수 없는 하나님 자신의 "ipissima verba"(그대로의 말)로서 아랍어로 주어졌고 하늘에서 기록된 책이라는 신앙에 근거하는 종교이기 때문이다.[9]

2. 마우두디(S. Abul Ala Maududi)의 이해

마우두디는 그의 원리주의 사상을 여성의 의상, 여성의 사회적 위치, 결혼, 이혼에 관련하여 전개하였다.[10]

1) 의상규범-- "쿠무르"

"쿠무르"라는 단어는 이슬람 공동체에 의미를 준다. 수라 24:31("누르"- 빛의 장): "또 믿는 여자들에게 이렇게 말하라 '눈을 아래로 뜨고 정숙함을 지키고 밖에 나타나 있는 외에는 네 몸에 장식을 해야할 곳을 나타내서는 안된다. 얼굴의 너울을 가슴까지 내려라. 자기 남편, 아버지, 자기 아들, 남편의 아들, 자기 형제의 아들, 자매의 아들, 자기 집안의 여자, 혹은 자기 바른손이 소유하고 있는 자 또는 욕망을 가지지 않는 남자의 하인 혹은 여자의 숨길 부분에 대해 지식이 없는 유아 이상의 사람들 외에는 네 몸의 장식해야 할 곳이 알려지면 안된다. :

---

9) Ibid., p.28.

10) S.A.Maududi, *Purdah & Status of Women in Islam*, Lahore, Pakistan, 1972.

수라 33:32,33("아흐자브"- 부족연합의 장) ; "오 예언자의 아내들이여,… 그대들은 집안에 머물러 있어야 한다. 옛 암흑시대와 같이 화려한 몸차림을 해서는 안된다. 예배 때를 맞춰드리고 정하여진 희사를 행하고 알라와 그 사도에게 순종하라. 오, 가정에 거주하는 자여, 알라는 오직 그대들로부터 부정을 제거하고 순결하기를 바라는 일념뿐이다."

수라 33:59; "오 예언자여, 그대의 아내와 딸과 신자들의 아내에게 '외투로 몸을 감추어라'고 말하라."

여기서 외투는 의상, 온몸을 감싸는 긴 옷으로 머리에서 발끝까지 가리는 겉옷이며, 대개 고온 사막 지방에 무슬림들이 많이 분포되어 있기에 섭씨 35-40도를 오르내리는 기온에도 이 의상을 반드시 입어야 한다. 선택과 종교의 문제가 나라의 법으로 정해져서 입지 않으면 불법을 행하는 것이다. 그것은 꾸란의 가르침이며 예언자 아내들의 의상에 대한 예언자의 교훈의 중요한 부분이었기 때문이다. 예언자 시기에는 이것이 여성의 구속을 의미하는 것이 아니었고 여성의 보호를 위한 것이었다.[11]

마우두디는 위 꾸란 구절을 다음과 같이 해석한다.

a. "눈을 아래로 뜨고(수라 24:31)."

이것은 이슬람 공동체와 사회의 첫번째 명령이다. 여성은 "눈을 아래로 뜨고"(가드-바스르) 남성과의 만남의 자세를 지켜야 한다. 이것은 사람들이 눈을 뜨고 남성과 여성이 전연 대면할 수 없다는 것이 아니라, 욕정에 찬 눈빛을 보여서는 안된다는 경고라 한다. 예언자의 제자 하즈라트 자리르(Hazarat Zarir)가 예언자에게 묻기를 "만약 내가 우연히 그렇게 마주 보게 되었을 때는 어떻게 해야 합니까?" 하고 했을 때 예언자는 눈길을 돌리라는 대답을 하였다.[12]

그러나 이 구절은 상황에 따라 여성을 구출해야 한다든가 치료해야 하

---

11) 김용선, 『聖 꾸란』中, p.319.
12) Ibid., p.180.

는 경우, 넘어진 여자를 도와 주어야 할 때 등 바라보는 것, 눈길을 주는 의도에 따라 허용되는 폭도 상대적이다. 예를 들면 결혼 대상자에 대하여 이슬람법(샤리아)의 위 구절은 해당되지 않는다. 이 명령은 위에서 언급된 것과 같이 "가드-바스르" 명령이다.

 b. "몸에 장식을 … 나타내서는 안된다 (수라 24:31)."

 여성의 몸은 손과 얼굴을 제외하고는 자기 아버지, 아저씨, 남자 형제, 아들에게도 노출시켜서는 안된다는 것이다. 이것을 "싸따르"라고 한다. 여기서 장식의 의미가 어떠한가에 대한 의견은 이슬람 학자들 간에 일치되어 있지 않으나 마우두디는 여성이 일하러 나가야 하고 일을 해야 하는 것 즉 가족을 위한 일로 인해 몸의 장식을 보이는 것 외에는 금지하고 있다고 이해한다. 그는 다른 이유로 인해 여성 스스로 자기의 몸의 장식을 노출하는 것은 의도적으로 예언자의 가르침에 따르지 않는 것으로 본다.

 c. "얼굴의 너울을 가슴까지 내려라(수라 24:31)."

 "외투로 몸을 감추어라." 수라 33:59. 마우두디는 수라 33:59의 "몸을 감추어라"는 것과 얼굴을 가리라는 것을 명령형으로 해석한다. 마우두디는, 꾸란의 해석학자들은 이 구절에 대해 얼굴을 포함한 몸 전체를 가리는 것을 의미한다는 것에 일치한다고 말한다.[13]

 이슬람교의 정숙한 여성상은 반드시 베일을 쓰고 다니는 것이다. 이러한 의상은 예언자가 자기의 아내들과 딸들에게 명하였던 것에 근거한다. 즉 꾸란에 기록된 말씀에 근거하는 것이며, 예언자들의 아내들에게 준 교훈으로 읽을 수 있다. 베일을 쓰지 않는 여자는 노예나 일일 막노동자들이나 집시 여자들에게서 흔히 보는 모습이다. 마우두디는 이 꾸란 구

---

13) Ibid., p.192.

절에 대해 하디스[14]를 인용하여 여성의 의상이 얼굴, 손 그리고 몸을 가리는 전통을 높이고 있다. 그러면서도 불가피한 상황에 따라 얼굴 노출이 허용됨을 지적한다. 또 이슬람법이 여성의 보다 나은 도덕적 생활과 사회질서를 위한 것이므로 이슬람법에 순종해야 한다고 주장한다.

여성의 일정 부분, 특히 얼굴과 손의 노출은 여성의 매력과 허영을 위한 것일 수 없으며 여성이 불가피하게 해야 하는 일을 위해서만 정당화된다는 것이다. 그러므로 이슬람 여성의 의상규범은 합리적이라고 마우두디는 해석한다.

위의 두 구절에 대한 그의 해석학적 접근은 여성의 결혼, 상속 등 모든 가르침에 적용되는데, 꾸란에 계시된 말씀의 절대성에 대한 주장과 상황에 따른 융통성있는 해석의 여지가 동시에 공존한다고 볼 수 있다.

2) 여성의 위치

수라 4:34; "남자는 여자보다 우위에 있다. 알라께서 서로간의 사이에 우열을 붙인 것으로서 또한 남자가 생활에 필요한 돈을 대고 있기 때문에 이러한 점에서 남자가 여자보다 우위에 있으며 따라서 정숙한 여자는

---

14) 하디스(Hadith)는 꾸란의 해석으로 초기 이슬람교 시기에 편집된 것으로 예언자 무함마드의 언행록이며 이에 대한 해석이다. 화즐루 라흐만은 하디스의 편집이 9세기에 거의 완료되었다고 보고있다. 그래서 10세기에는 여러 편집이 나타나고 있는데 그중 가장 권위있는 것은 다음의 6권으로 본다.

① Muhammad ibn Ismail al - Bukhari (AD 810-d.870)
② Muslim ibn al -Hajjaj(d.875)
③ abu Daud (-d.888)
④ al-Tirmidi (-d.892)
⑤ al-Nisai (-d.886)
⑥ Ibn Maja(-d.886)

이것들은 6명의 학자들이 편집한 것을 하디스의 내용으로 하고, '부카리'의 하디스가 꾸란 다음으로 권위있게 인용된다.

남자에게 순종하고 …"라고 가르친다.

수라 2:223; "당신들의 처는 당신들의 밭이다. 그러니 마음내키는 대로 당신들의 밭으로 가라"

꾸란은 여성의 위치를 남성보다 낮은 것으로 가르친다. 이 교리는 이슬람 공동체, '움마(umma)'의 중요한 질서를 세운다. 사회구조와 질서를 위한 여성의 위치를 강하게 의식하면서 그 위치는 반드시 가족내의 것으로 나타난다.

수라 2:228; "남자가 여자보다 좀 우위에 있기는 하지만 여자들은 자기가 하여야 할 것만큼의 대우를 받을 권리가 있다."

다른 번역[15]은 "여성과 남성이 똑같은 권리가 있으나 남성이 여성보다 위에 있나니 하나님은 만사 형통하시도다."

수라 33:35; "귀의하는 무슬림 남녀, 신앙을 갖는 남녀, 순종하는 남녀, 성실한 남녀, 인내하는 남녀, 겸허한 남녀, 자선을 하는 남녀, 단식하는 남녀, 정절을 지키는 남녀, 항상 알라를 염원하는 남녀, 이들에게 알라께서는 반드시 용서와 커다란 상을 준비하신다."

종교적 측면에서 남녀는 다 하나님의 축복의 대상이며 징계의 대상이다. 인간 내면의 위치는 신 앞에서 우열의 차이가 없다. 그러나 사회질서와 가족의 질서와 평화를 위하여 여성은 남성의 철저한 간섭과 지배를 받는다. 다음 꾸란 구절은 남성이 여성을 책벌할 수 있는 근거를 준다.

수라 4:34; "반항적으로 될 염려가 있는 여자가 잘 타이르는 말을 듣는다면 그 이상의 수단을 써서는 안된다."

김용선 꾸란 번역에는 위 구절에서 여자에게 벌을 주는 구절이 생략되어 있다. 권형기 번역은 "순종치 아니하고 품행이 단정치 못하다고 생각되는 여성에게는 먼저 충고를 하고 그 다음으로는 잠자리를 같이 하지

---

15)권형기, "꾸란에 나타난 여성관", 미간행 복사자료, D. Woodbery의 Introduction to Islam, Fuller Theological Seminary 교재 중 발췌.

말 것이며 세째로는 가볍게 때려줄 것이로다. 그러나 순종할 경우는 그들에게 어떤 수단도 강구해서는 아니 되나니 진실로 하나님은 가장 위대하시다"로 되어 있다.

이슬람 학자로 유명한 유수프 알리(A. Yusuf Ali)의 꾸란 번역과 해석[16]이라는데서도 "as to those women on whose part ye fear disloyalty and ill conduct, admonish them (first), (Next), refuse to share their bed, (and last) beat them (lightly)"으로 되어 있다.

3) 결혼-"니카흐"

a. 일부다처제의 근거

수라 4:3; 전 장에서 꾸란 구절을 인용한 것과 같이 아내는 4명까지 허용되나, 문제는 동등한 처우와 사랑의 분배이다. 수라 4:129; "너희들이 여하간 갈망하더라도 여자들을 공평하게 다루지 못한다. 그러나 편애한 나머지 처의 한 사람을 제멋대로 방치해 두어서는 안된다." 이슬람교의 쉬아파에서는 일시적인 결혼이 성립이 되며 이것을 무따아(Mat'a)라고 한다. 여행길의 상인, 캐라반 여정에서 허용되었던 일시적 처의 관습을 보여주는 꾸란 구절이다. 이것은 계약 결혼으로도 언급된다. 이슬람교에서는 결혼만이 여성의 신분을 보장한다고 지적한다. 부모는 여성이 출산의 연령에 이르기만 하면 결혼을 시켜야 한다는 것이며 처녀, 이혼녀 등은 사회의 압력과 요청에 따라 결혼을 해야만 한다. 수라 24:32에 기록되기를 "그대들 중의 독신자, 경건한 종과 하녀들을 결혼시켜 줘라. 비록 그들이 가난하여도 알라께서는 풍성하게 하실 것이다."

b. 결혼의 조건

---

16) A. Yusuf Ali, *The Holy Quran, Translation and Commentary*, Amana Corp. 1983, p. 190.

근친 결혼과 결혼 대상의 한계 : 수라 4:23; "너희들이 혼인하여서는 안될 상대로서는 자기의 어머니, 딸, 자매, 아버지 편의 숙모, 어머니 편의 숙모, 형제의 딸, 자매의 딸, 자기의 유모, 젖형제, 처의 어머니, 너희들의 육체적 교섭을 가진 처가 데리고 온 의부의 딸로서 지금은 자기가 후견하고 있는 양녀, 단 아직 육체적 교섭이 이루어지지 않았다면 죄가 되지 않는다. 따라서 자기가 낳은 아들의 배우자와 그의 자매, 이 두 사람을 동시에 처로 삼으면 안된다. 단 지나간 과거의 일은 상관치 않는다."

타종교인과의 결혼 : 수라 5장은 식탁의 장으로서 음식의 터부에 관해서 주로 가르치는데 여기에서 기독교와의 관계도 언급된다. 수라 5장 5절에서는 무슬림들의 기독교인이나 유대인들과의 결혼이 허용된다는 것을 가르친다.

"이제야 좋은 것은 모두 너희에게 허락되어 있다… 믿는 자들 중의 정숙한 여자도, 너희들보다 이전에 성전(聖典)을 받는 사람 중의 정숙한 여자도… 올바른 행실을 갖추어서 그 여자들과 결혼하면 된다.…"

여기서 이슬람교의 남성만이 기독교와 유대교의 여성과 결혼할 수 있다. 무슬림 여성은 무슬림이 아닌 남자와 결혼해서는 안되며, 그것은 여성의 위치가 남성의 소속으로만 인정되어야 하기 때문이다. 무슬림 남자가 무슬림이 아닌 유대인이나 기독교인과 결혼을 하면 그 여성은 무슬림이 되어야 한다.[17]

노예와의 결혼 : 수라 4:24; "또한 처로 삼아서는 안 될 여자는 정식으로 남편이 있는 유부녀이다. 그러나 너희들의 바른손에 소유하는 것은 별도이다." 여기서 바른손의 소유는 전쟁으로 인한 여자 노예들을 의미한다. 이것은 또한 하인 여자들이 결혼의 대상의 수에 포함되지 않는 것도 의미한다.

---

17) Ibid., p.241 주 700.

c. 이혼-"딸라끄"

이슬람교에서는 무슬림 남자만이 이혼을 제기하고 이행할 수 있으며 여성에게는 이혼을 당하는 것만이 실제 가능하다. 수라 2:229-231에는 "이혼은 두 번까지, 즉 정당한 수속으로 자기 곁에 남게 한다든가, 호의로 자유의 몸이 되게 해야 한다."

수라 65장은 이혼의 장(딸라끄)이다. 수라 65:1; "오 예언자여, 그대들이 아내와 이혼할 경우 일정한 기한이 지난 뒤에 이혼하는 것이 좋다.… 너희들은 아내가 문란한 행위를 하지 않았는데도 함부로 그녀들을 집에서 내어 쫓거나 또는 나가게 만들어서는 안된다. 이것이 알라의 규정이다.…"

그러므로 꾸란은 이혼을 도덕적 행위로 인정하였을 뿐만 아니라 이혼의 조건과 구체적 방법을 제시한다. 남편은 이혼 조건으로서 합법적 기간 -"잇다"(Iddah)-을 채우고 이혼할 수 있으며, 분명한 이혼 선언을 한다. 이것이 "딸라끄"로서 "당신은 이혼되었소"라고 세 차례 선언하는 것이다. 세 번 이혼 선언이 된 이혼은 여자가 다른 남자와 결혼하여 이혼한 후가 아니면 다시 재결합할 수가 없다.

"이혼의 장"이 있을만큼 꾸란은 이혼 문제를 자세히 취급하였고 이혼의 법은 예언자 무함마드와 그의 아내들의 관계에 상당히 근거하고 있다고 본다. 이 논문에서는 하디스를 범위에 포함시키지 않았는데, 하디스는 이혼의 방법과 조건을 매우 세밀하고 남성 우월적으로 제정해 놓았다.[18] 이혼의 종류만도 12가지가 있고 꾸란에서보다 훨씬 더 여성의 차별을 심화시킨 것을 내용으로 한다.

수라 33:28("아흐자브")에서 "오 예언자여, 그대 아내들에게 말하라. '당신들이 현세의 생활과 허식을 원한다면 자, 오려므나, 내가 당신들에게 즐거움을 주리라. 친절하게 이혼도 해주리라"라고 함으로써 예언자의

---

18) 최영길, 『이슬람교의 생활규범』, 명지대 출판, 1985.

이혼에 대한 태도와 가르침을 암시해 준다.

수라 2:231; "만약 당신들의 처와 이혼하여 정한 기일에 이르렀을때 자기 곁에 머물게 하든지 자유로이 해주든지 간에 친절히 해주어라. 결코 고통을 주어 무리하게 억류해서는 안 된다."

수라 2:226, 227; "처와 인연을 끊고자 맹세한 자는 4개월을 기다려야 한다. 만약 마음을 돌이킨다면 참으로 알라께서는 관대하시고 자비로우시다. 그런데도 이혼을 결의한다면 참으로 알라께서는 잘 들으시고 잘 아신다."

간통죄 : 이혼과 관련하여 이슬람교에서는 간통에 대한 처벌도 꾸란에 기록하고 있다. 이것은 여성을 보호하기 위한 예언자의 가르침이었고 거짓증언에 대한 제도적 장치였다고 한다.

수라 4:15-19; "너희들 처 중에서 간음을 범한 자에 대해서는 우선 네 명의 증인을 세우고 만일 증인들이 증언한다면 그녀를 집안에 감금시키고 죽음이 그녀를 데리고 사라지든지 또는 알라께서 그녀들에게 구원의 길을 열어줄 때까지 집안에 감금해 두어라."

수라 24:6-9; "자기 처를 중상하면서 자기 외에 어떤 증인도 없는 자들이 증언할 경우 단독 증언으로 알라에 맹세코 자기의 말이 진실하다는 것을 네번 증언한다.… 이런 여자가 징벌에서 면죄되는 조건은 그녀가 알라께 맹세하며 남자가 거짓을 말하고 있다는 것을 네번 증언하고… 다섯 번째에는 만일 그의 말이 진실이라면 알라의 노여움이 그녀 자신에게 내려지도록 맹세하는 것이다." 거짓 증언에는 벌이 적용되는데 80대의 태형을 받는다(수라 24:4). 간통의 벌은 남자와 여자 각각에게 백대의 태형이 주어진다(수라 24:2).

3. 이스라르 아흐마드(Israr Ahmad)의 이해

마우두디의 원리주의 운동은 현대 파키스탄 지도자, 이스라르 아흐마드에게서 계속된다. 파키스탄에서는 지아울 학끄(Zia ul Haq) 정권 시기부터 원리주의의 적극적인 부흥 운동이 있어왔다. 원리주의는 매스컴을 이용하여 운동을 활성화시키고 있는데 여기에는 여성의 베일(쿠무르)과 가족법에 대하여 꾸란으로 되돌아 가자는 T. V.프로그램도 있다. 그 중 대표적인 인물로는 이스라르 아흐마드가 있는데 그는 꾸란 아카데미라는 기구를 설치하고 정기 간행물을 발간하고 있다.[19]

그는 전통의상, "짜드르"(Chadr:여성의 얼굴과 몸을 덮는 의상)와 "짜르디와르"(Chardiwar: 사면의 벽)라는 개념 안에 여성이 온 몸을 가리는 의상을 입고 네 벽안에 있을 때 그 존재를 확인받고 보호받는다는 내용을 주장한다.

이스라르는 여성이 직업을 가질 수 없다는 것을 언급한 바 있는데 그것은 여성이 일하기 위해 길에 나타나는 것이 천하다는 논평이었다. 그는 파키스탄의 이슬람교를 갱신하고 그에 따른 이슬람법 즉 꾸란에 기록된 여성의 의상, 위치, 결혼, 이혼 그리고 간통죄에 대한 벌(후두드)을 적용할 것 등을 주장했다. 이스라르에게 있어서 이상적 이슬람공화국 그리고 이슬람 공동체-움마-는 여성이 베일을 쓰는 것이며 남성의 주목을 끄는 자리에 서지 않는 것이라고 했다. 그의 이와 같은 발표는 파키스탄 여성들에게 큰 반발과 저항을 가져왔다.

---

19) H.Minties, *A New Debate on Women and Islam in Pakistan*, Christian Study Centre, Rawalpindi, 1984, p.2.

Ⅳ. 현대 파키스탄 모슬렘 여성에 관한 이해 -현대주의의 관점으로-

이슬람교의 현대 동향에 크게 기여한 사이드 아흐마드(Syed Ahmad:1817-1897), 아미르 알리(Ameer Ali:1849-1928), 무함마드 이끄발(Muhammad Iqbal:1873-1938)은 모두 이슬람교를 부흥시키면서, 현대화에 적응해 나가고자 한 이들이며, 그러한 정신에 입각하여 파키스탄이라는 이슬람 공화국 형성에 기여하였다.

1. 아미르 알리(Ameer Ali)의 무슬림 여성 이해

1) 결혼(니카드)에 대한 아미르 알리의 이해

아미르 알리는 이슬람 세계에서 고전으로 인정되어 온 그의 「이슬람 정신」[20] 제5장에서 "이슬람교에서의 여성의 위치"를 다루었다. 그는 이슬람교의 일부다처제의 결혼과 그에 따른 무슬림 여성의 생활이 상대적으로 서구의 결혼제도보다 낫다는 변론을 전개했다.

아미르 알리는 일부다처제(수라 4:3,4,15)를 예언자 무함마드가 법적으로 제정한 것이 아니라고 주장한다. 예언자 무함마드는 그 시대에 일부다처제가 빚어내고 있던 비인간적 측면과 법적으로 인정된 결혼이 없는 것을 보고 여성의 신분을 보장하고 여성을 위한 개혁으로서 이러한 결혼을 가르치며 여성을 존중하라고 강조했다는 것이다. 왜냐하면 예언자 무함마드는 카디자로 인해 자신의 생애의 전환점을 맞았고 이슬람교의 창시자로, 아랍 제국의 통치자로 승격하였기 때문에 여성에 대한 태도가 긍정적이었다고 볼 수 있다. 그의 첫번째 아내 카디자와 그의 딸 중 화띠마는 매우 소중하였기에 그들이 그의 여성관 형성에 영향을 미쳤던 것으로 평가될 수 있다.

---

20) Ameer Ali, *The Spirit of Islam*, 1984(Karachi 7th), Nazimabad, Pakistan.

아미르 알리는, 수라 4:3에서 예언자 무함마드의 의도는 아내의 수의 '한계'를 지은 것이며, 남편으로 하여금 아내들에게 동등한 물질의 배려와 사랑의 관계를 조건으로 하려는 것이었다고 주장한다. 왜냐하면 그 구절에서 4명까지 아내를 삼을 수 있다고 한 다음 바로 뒤이어 '그러나 만일 그들에게 공평하게 다룰 수 없다면, 한 명으로 하라고 했다는 것이 아미르 알리의 해석이다.[21] 여기서 아랍어, "아들(' Adl)"이란 단어는 의식주 문제에 대한 공평한 분배만을 뜻하는 것이 아니라, 사랑, 애정 그리고 존중의 감정 분배에서도 공평한 것을 뜻한다. 그런데 사랑의 감정이 공평하게 나타나는 것은 불가능한 것이므로 예언자 무함마드의 의도는 한 명의 아내를 두는 것이었다는 해석이다.

아미르 알리는 일부다처제를 비판하면서도 현실적으로 여성이 독립할 수 없는 무능한 상황에서는 일부다처제가 필연적으로 지속될 수 밖에 없다는, 사회의 필연적인 요소로 언급하기도 하였다. 그는 일부다처제도를 완전히 개혁한다는 것이 어려운 것이라고 하였다. 그러면서도 "머지않아 무슬림 법학자 총회에서 일부다처제도를 마치 노예제도 폐지처럼 이슬람법에 위배되는 것으로 권위있게 선포하기를 기원한다"[22]고 기록하였다.

아미르 알리는 예언자 무함마드의 10명의 아내들-카디자, 싸우다, 아이샤, 하후사, 하인드 움살마, 움 하비바, 제이납, 주와이리야, 사휘야, 그리고 마이무나-은 예언자의 희생적 보살핌의 대상으로 해석한다. 그리고 이러한 다수의 아내들은 정치적으로 이슬람교 확장에 공헌했다고 평가한다. 예언자 무함마드가 이슬람법의 아내의 수, 4명보다 더 많은 10명의 아내들이 있었다는 사실은 예외로 간주되었다.

---

21) Ibid., p.229.
22) Ibid., p.232.

2) 이혼(딸라끄)에 대한 아미르 알리의 이해

이혼에 관한 아미르 알리의 견해 역시 꾸란의 이혼 제도의 배경을 중요시한다. 즉 이혼이 허용된 것이 꾸란의 가르침이지만, 이것은 당시의 아무런 형식을 거치지 않고 위자료도 없이 행해졌던 이혼 관습에 여성을 존중하는 제도적 장치를 한 것으로 해석한다.

"딸라끄"-이혼되었다-의 구두선언을 선언마다 한 달간의 기간을 두어야 한다. 또 예언자 무함마드의 후기 가르침에서 "딸라끄"는 허용된 것들 중에서 하나님 앞에 가장 삼가해야 하는 것으로 나타나고 있다. 이혼법이 하디스 자료와 여러 학파에 따라 상당히 복잡하고 서로 다른 법 절차로 발전되었음을 볼 때 그것이 이슬람 사회에서 상당한 비중을 차지하는 것이었음을 알 수 있다.

수라 4:35; "만일 둘 사이의 불화의 걱정이 있다면 남자의 가족 중에서 중재인 한 사람을 내세우는 것이 좋겠다. 만일 두 사람 사이에 화해가 성립됐다면 알라께서는 둘 사이를 다시 하나로 만든다."

수라 4:128, 129, 130에서는 이혼이 꾸란 계시 말씀인 것이 분명하지만, 이혼했다가도 다시 화해하고 다시 부부로 재혼하는 것을 가르친다. 왜냐하면 결혼은 인간이 도덕적으로 타락하는 것을 방지해 준다는 것이다.

3) 의상규범(쿠무르)에 대한 해석

여성의 격리와 베일 의상(수라 33:59, 수라 24:3)은 여성을 존중하고 사회의 혼란을 피하기 위한 것으로 보았다. 그러나 아미르 알리는, 이슬람 역사에서 여성은 아이샤와 같이 군대 대장으로 활약하기도 했고 예언자 무함마드의 딸 화띠마는 "천국의 숙녀"[23]라 칭함을 받았는데 그는 정치가요, 카디자는 메카의 능력있는 사업가였다는 것을 지적하면서 격리

---

23) Ibid., p.228.

와 베일이 사회와 국가를 위한 여성의 활동의 장애요소로 해석되어서는 안된다고 주장한다.

2. 화즐루 라흐만(Fazlur Rahman)의 해석

아미르 알리의 해석의 흐름을 따르며 현대 학문 활동을 하고 있는 이는 화즐루 라흐만이다. 그는 현재 시카고의 이슬람학 교수로서 서구 세계에 이슬람교를 전하는 역할을 한다. 파키스탄 카라치대학교에서 교수로 재직하기도 했던 그는 현대 적응주의 노선을 분명히 걷고 있다. 라흐만은 꾸란의 가르침에서 인간의 평등을 강조하며 본질적으로 인간의 높고 낮음은 없고 인권을 파괴하는 점들을 인정하지 않는 것이 꾸란의 사상임을 전개하였다.

수라 49:11; "오 믿는 자들이여, 어떤 백성이나 다른 백성을 비웃으면 안된다. 그들은 저들보다 훌륭한지도 모른다. 또 여자들도 다른 여자들을 비웃으면 안된다. 그들이 저들보다 훌륭한지도 모른다."

1) 결혼에 대한 화즐루 라흐만의 이해

그는 꾸란의 인간 이해에서 기본적으로 4가지 권리를 강조하였다. 즉 생명(수라 5:32), 종교(수라 2:256), 소득과 재산(수라 59:7), 개인의 존엄과 명예(수라 2:30)라는 것이다. 그는 이러한 사상에 근거하여 일부다처제를 해석한다. 그러므로 수라 4:3은 수라 4:2의 고아에 대한 재산권 보호 정신과 관련시켜 해석하려 한다.

이것은 이슬람 초기 확장에서 계속되었던 전쟁으로 많은 고아들이 있었고 그들의 재산 관리가 사회 문제였음을 보여준다(수라 6:152, 17:34, 2:220, 4:2, 6, 10, 127, 215, 4:8, 36, 89:17, 93:9, 107:3).

여기에서는 고아의 보호자들이 고아들의 재산을 착취하는 상황을 개선하기 위하여, 그러면 오히려 4명까지는 아내로 맞이하되 그들에게 공평히 처우할 것을 가르친다는 것이다. 그러므로 4:3의 일부다처제의 근거 말씀은 4:127-"사람들이 여자의 일을 가지고 너희의 의견을 물으러 올지 모른다. 그러면 여자에 관해서는 알라 자신이 너희들에게 그녀들에 대한 판정을 내리신다. 그리고 너희들이 규정한 재산을 아직 주지 않고 더욱이 자기의 처로 삼으려고 생각하고 있는 고아 아이라든가 또 고아는 올바른 대우를 하지 않으면 안된다는 등 성전(聖典) 중에서 특히 이러한 점을 읽어 들려 주어라"-와 같이 해석하여야 한다는 것이다.

또 수라 4:129도 수라 4:3의 해석에 도움을 준다고 한다.-"너희들이 여하간 갈망하더라도 여자들을 공평하게 다루지 못한다. 그러나 편애한 나머지 처의 한 사람을 제멋대로 방치해 두어서는 안된다…."

그렇다면 4명의 아내들을 허용할 때 그들에 대해 공평해야 하는 책임과 인간으로서 도저히 그렇게 할 수 없는 현실 사이의 갈등과 모순을 어떻게 해석할 것인가 하는 문제가 제기된다. 원리주의자들의 해석에서는 이 문제를 남편의 양심에 맡기는 경향을 보였는데, 라흐만은 개혁주의, 현대주의, 적응주의의 대변자로서 다음과 같이 해석하였다. 즉 수라 4:3과 수라 4:129에서 정의, 공평한 처우가 가장 먼저 드러나야 하므로, 그러한 정의의 불가능성을 수용해야만 한다. 일부다처제의 허용은 시대적 상항에서 불가피했던 일시적 제도며 제한된 목적을 위해 인정되는 것으로 이해해야 한다는 것이다.[24]

즉 그 시대에 이미 팽배해 있던 일부다처제의 개선을 위한 법적 차원의 조건으로 읽어야 하며 이상적 사회 공동체의 도덕적 향상을 위해 준 가르침이라는 점을 그는 지적하였다.[25]

이것은 원리주의자들이 꾸란의 한자 한자가 '와히' (영감)에 근거 한다

---

24) Fazlur Rahman, *Major Themes of the Quran*, Bibliotheca Islamica, 1989, p.48.
25) Fazlur Rahman, *Islam*, University of Chicago, 1966, p.231.

고 보는 입장과는 큰 차이를 보인다. 그 까닭은, 원리주의자들이 일부다 처제와 여성에 대한 다른 가르침-증인됨, 이혼, 상속-에 관해, 주어진 꾸란의 구절들이 특수한 시대적 상황을 반영하고 있고 이것을 계시의 계기(Occasions of revelation)로 인정한다 할지라도 이 가르침의 효력은 보편적, 영구적이라고 말하기 때문이다.

예를 들면 수라 2:282의 대차 관계에서 기록이 필수적인데 이러한 자리에 증인을 세워야 한다. 증인은 남자 두 명으로 하되 남자 증인이 없을 경우에는 남자 증인 1명과 여자 증인 2명으로 하라고 했다. "이는 여자 한 명이 잘못하면 다른 사람(다른 여자 증인)이 주의를 해줄 수 있기 때문이다(수라 2:282)."

라흐만은 원리주의자들과 달리 이러한 법이 영구적인 본질적 차이를 의미하는 것이 아니라, 경제 문제에 있어 약한 성으로서 여성의 기억력이 남성에 의존하기 때문이며, 여성이 남성과의 이러한 대차 관계에서 능히 증거할 수 있으면 사회의 개선을 위해서 그것은 인정되어야만 한다고 주장한다.

수라 2:228에는 남녀 동등이 아닌 남녀 차별의 근거가 있는데 - "남자가 여자보다 좀 위에 있기는 하지만"- 이것도 인간의 본성의 차이나 우위의 가림이 아니라 여성의 기능, 역할 영역에 대한 가르침으로 라흐만은 해석한다.

수라 4:34에서 "남자는 여자보다 우위에 있다. 알라께서 서로간에 우열을 붙인 것으로서 또한 남자가 생활에 필요한 돈을 대고 있기 때문에 이러한 점에서 남자가 여자보다 우위에 있다. 따라서 정숙한 여자는 남자에게 순종하고…"라는 구절에 대해 라흐만은 여성에 대한 남성우위는 본성의 문제가 아니라 남성 역할의 우위라고 주장한다. 즉 기능적 우월성을 강조한다.

그러므로 여성이 경제적으로 가족을 부양하는 능력을 가지면 남성우위는 저하되고 남성이 여성 위에 있다는 우월감의 근거는 없다는 것이다.

이슬람교에서 여성은 거의 전적으로 남편과 아내 관계에서만 그 위치가 이해된다. 그러므로 여기서 우위문제는 남편과 아내의 관계를 다룬다고 보아야 한다. 그리고 이슬람교에서 결혼을 계약이며, 수평적 관계로만 이해되고 거룩하고 성스러운 하나님 앞에서의 맹세는 아니라해도 사랑과 자비의 관계로 높이 찬양되고 있다.

수라 2:187에서는 "그 여자들(아내들)은 당신들의 의복, 당신들은 그 여자들의 의복이다"라고 했고 아내들에게 친절하게 하고 너그럽게 하라고도 기록하였다(수라 4:19-21).

수라 30:21에는 "그분은 그대들 스스로부터 그대들을 위하여 함께 사는 아내를 만드시고 둘 사이에 애정과 동정심을 일게 한 것도 알라의 증표의 하나이다"라고 기록되어 있다.

수라 4:1에서는 "인간들아 주를 공경하라 너희들은 단 한 사람으로부터 만들어 내시고, 그 일부에서 배우자를 만드시고 이 두 사람으로부터 무수한 남자와 여자를 지상에 잉태하시었다…또 너희들은 어머니의 태를 존중하라."

2) 이혼에 대한 화즐루 라흐만의 이해

이슬람교는 결혼과 가족의 건전한 토대 위에 움마-이슬람 공동체-를 실현하려고 한 것이다. 그리고 이혼을 허용하면서 동시에 재결합의 길을 제도적으로 열어줌으로써 가정파괴의 현실을 극복하였다(수라 2:229-232)고 보는 라흐만은 이러한 이혼구절에 대해 특기할만한 해석을 하지 않았고 그 구절들만 인용함으로써 가족의 결속의 중요성을 언급하였을 뿐이다.

3. 이끄발(Muhammad Iqbal)의 여성에 관한 견해

라흐만 이전의 이끄발은 가장 과감한 지성적 현대주의자였지만 자기의 아내들은 다 격리시켜 베일을 쓰게 하였고 서구의 여성 해방을 비판하였다. 이것으로 미루어 볼 때 현대주의자, 개혁주의자들은 어디까지나 꾸란의 해석에 있어서, 어느 정도의 융통성을 인정하였지만 역시 이슬람교 꾸란의 테두리를 벗어나지 못한 시각에서 이상을 추구하였다고 볼 수 있다.

그 이상은 이끄발의 시와 그가 인용한 시에서 전달되었다. 이끄발은 지아 알프(Zia Gok Alp)라는 터키 시인의 시를 인용하여 여성의 법적 동등성을 호소하기도 하였다.

> "여기 여성이 있다. 나의 어머니, 나의 누이, 나의 딸:
> 내 존재의 심연에서 가장 성스러운 감정을 일으켜 주는 여성,
> 여기 나의 사랑하는 여성,
> 나의 태양, 나의 달 그리고 나의 별이여;
> 나에게 삶의 시를 깨우쳐 주는 여성, 어찌 이 아름다운 피조물을 감히 거룩한
> 법이 경멸할 수 있다는 것인가?
> 필경 학자들이 꾸란을 잘못 해석한 탓이로다."[26]

Ⅴ. 여성 문제에 대한 현대 파키스탄 무슬림 여성 운동의 관점

다음은 현대주의를 주장하는 파키스탄 여성들 가운데 여권 운동에 앞장선 부토 여사의 선언서를 중심으로 오늘의 파키스탄 여성들의 여권 활

---

26) H.A.R. Gibb, *Modern Trends in Islam*, Octagon Books, N.Y, 1978, p.92.

동을 검토하여 보고자 한다.

1. 무슬림 여성, 부토의 여권선언서

파키스탄의 여성 운동은 비록 활발하지 않지만 작은 변화가 일어나고 있다. 여성 교육의 문이 넓어졌고 전에는 닫혀 있던 직업 선택이 가능해 졌다. 또 여성들의 문자 해독률은 20% 밖에 되지 않지만 여성들은 점진 적으로 여권 투쟁을 해야 한다는 의식을 가지기 시작한 것이다.

무슬림 여성들이 여성문제에 대해 이야기하기 시작하였다는 것과 동시 에 정치인들은 정당 강화를 위해 여성 문제를 이용하여 기회를 찾고 있 으며 여성들의 지지를 호소하기도 한다는 것이 주목된다. 이러한 정치적 동기와 부토 여사의 여성 의식의 동기로 인해 1971년 19항목의 무슬림 여권 선언서가 발표된 바 있다.[27]

그 전문을 편역하여 인용한다.

1. 여성의 성차별은 이슬람교의 정신에 위배된 것이다.

2. 여성 차별의 언어, 관습, 그리고 편견으로 인한 행위를 금지하는 법을 정하여야 한다. 그리고 여권의 법적 보호와 안전을 기하는 법령을 제정한다.

3. 여성이 남성보다 열등하다는 관념에 의거한 관습과 행위의 폐지, 편견의 타파를 위한 국가적 차원의 여론 교육을 제도화한다.

4. 여성이 차별없이 선거의 권리를 행사하고 모든 국가 단체에 입후보 자가 될 수 있으며 공무원의 권리와 공무를 집행하는 권리를 갖도록 제 도화를 추진한다.

5. 사회 단체의 기초가 되는 가정의 단합과 화합을 편견없이 보장하기 위하여 가족법에 있어 여권을 보장하는 법령을 제정한다.

---

27) C.C.A (Christian Conference of Asis) News, 정기 간행물 1977. 8. 15, p. 4.

① 상속받은 재산을 관리하는 권한을 가진다.

② 여성은 자율적 합의에 따라 결혼할 권리를 갖는다.

③ 여성은 법적으로 모든 면에서 남성과 동등한 권리를 갖는다.

④ "쿨라"(KHUL' A, 아내의 혼인 지참금을 되돌려 줌으로써 이혼할 권리를 가짐)의 권리를 포함하여 법적으로 재산상의 속박됨에서 자유함의 권리를 갖는다.

⑤ 법에 따라 결혼 기간에 생활비를 받을 권리를 갖는다.

⑦ 법적으로 자녀 양육의 권리를 갖는다.

⑧ 이혼 후 즉시 지참금과 남편 사후 유산을 받을 권리를 갖는다.

⑨ 남편이 아내의 생활비나 자녀 양육 권리를 빼앗기 위해 아내의 순결에 거짓 죄과를 씌우는 데에서 보호받을 권리를 갖는다.

6. 가족법에 관계된 사건들을 제대로 처리하기 위하여 가능한 한 가정 법원을 설치한다.

7. 어머니, 아내, 딸 또는 누이에게 주는 선물에 대해 세금 감면을 한다.

8. 여성이 모든 수준에서 교육의 기회를 남성과 동등하게 받을 수 있는 법령을 제정한다.

9. 여성의 적절한 건강 진료를 위한 특별 배려를 한다(주로 임신, 출산과 관련된 진료 의미)

10. 여성을 위한 지식 전달과 훈련을 하여 그들로 하여금 생산성있는 직업을 택할 수 있도록 빠른 시일 내에 여성을 위한 다목적 연구소를 설치한다.

11. 여성을 위하여, 직업을 택하고, 전문직과 기술직의 향상을 위한 권리와 노동에 있어서 동등한 처우의 권리를 위하여 사회 경제적 삶에서 적절한 기회를 주는 법령을 제정한다.

12. 노동을 위한 효율적 권리를 확보하기 위하여 여성의 출산 시기, 결혼 시의 해고를 막는 조치와 결혼 휴가, 출산 휴가의 보장과 탁아소

혜택을 포함한 사회 봉사의 혜택의 권리를 갖는다.

13. 가능한 한 여성에게 부업, 가정에서 할 수 있는 시간제 일, 여가 활용을 통한 수입의 기회를 부여한다.

14. 여성에게 같은 직장, 사무실, 공장 또는 농사 일에서 존경과 위엄으로 대하는 범국가적 규정을 제도화한다.

15. 여성 근로자에게 안전과 인간의 존엄성의 확보를 위한 필수 조건으로서 적절한 숙소와 교통편을 제공하는 조처를 취한다.

16. 정부의 모든 부서와 위원회에 여성 참여를 현실화하고 외국 파견에 있어서도 점진적으로 그 수를 증가시킨다.

17. 중앙 정부와 지방 행정부에서 채택되는 정책 수립과 기획에 자격을 갖춘 여성 참여를 지지한다.

18. 매스 미디어는 사회에서 여성의 다양한 역할을 긍정적으로 건설적으로 묘사하도록 법령을 제정한다.

19. 중앙 정부와 지방 행정부, 자선 단체 기구들 그리고 개인들은 최대한으로 이 선언서가 수용하고 있는 원리들이 실천될 수 있도록 지원할 것을 요청받는다.

2. 1980년대 파키스탄 여성의 여권 운동

그러나 이와 같은 의욕적이고 혁명적인 선언서는 부토 정권의 쇠퇴와 사회주의에 대한 저항으로 인해 무슬림 여성들에게 별로 알려지지 않았고 선언서의 내용도 거의 실현되지 못했다. 그에 대한 하나의 전거 자료는 다음의 글에서 지적될 수 있다.[28]

그런데 이글은 파키스탄의 여성의 지위에 대해 매우 비관적으로 기록

---

28) *Women's Link on Pakistan,* "Women's Issue; A National Issue" C.C.A. June 1985. pp. 23-24.

되었으며 부토 여사가 8년전에 여권을 위한 선언서를 발표한 이후의 상황이다.

"여성의 문제가 국가의 문제가 된 반면 국가의 문제는 파키스탄 여성에게 어떤 영향력을 행사하였는가라는 질문이 제기될 수 있다. 비록 어떤 특수층의 여성에게는 의식화의 작업이 되었을지 몰라도 대부분의 경우 거의 어떤 영향력도 행사하지 못했다. 도대체 파키스탄의 평범한 여성의 삶은 무엇인가? 사회에서 여성의 위치는 무엇인가? 1973년 헌법에는 여성이 법적으로 남성과 동등한 권리를 가지며 성차별은 불법이라고 선포되어 있다. 그러나 법적으로, 정치적으로, 사회적으로, 경제적으로 여성은 남성에게 소유된 동물과 다름없는 대우를 받는다. 파키스탄 사회는 획일적이며 무조건적인 가부장제 사회로서 여성은 시종 일관 남성의 소유물로서 보호를 받는다. 여성의 주체성, 여성의 명예, 여성의 자아의식은 오직 자기가 소속되어 있는 남성의 손에 달려있다. 여성의 주요 역할은 딸, 아내 그리고 어머니의 그것이다. 헌법과 이슬람법 하에서 여성의 권리는 모두 무시되고 있다. 여성은 상속을 제대로 받지 못하고 자기 재산을 갖고 관리하는 것도 허용되지 않으며 자신의 노동의 대가를 관리하는 것도 허용되지 않는다. 실제 모든 결정들이 여성에게 강요되며, 대부분의 여성은 이 불평등의 위치를 '운명'(끼스멋, qismat)이라고 받아들인다…"

위에서 지적하였듯이 파키스탄에서는 아직까지 원리주의 정당이 우세하므로 마우두디의 원리주의 부흥과 이스라르의 ＴＶ 프로그램은 집안 사방의 벽 안에서 갇혀 사는 여성을 정숙한 이상적 여성으로 가르치고, 일하는 여성을 그리고 직장 여성을 도덕적으로 타락한 여성으로 비하시킨다. 일반적으로 사회에서는 이러한 여성을 전통적 가치관의 파괴, 가족의 분산과 파괴의 주원인으로 비판한다. 그리고 여권 투쟁을 하는 여성들을 창녀와 다를 바 없다고 하여 지성적인 여성들의 분노를 일으키는 이스라르의 T.V 프로그램은 많은 사람들의 비난과 동시에 폭발적인 인기를 누리고 있다. 즉 여권 운동이 여성의 위치를 향상시키기 보다는 오히려 더 악화시키는 결과를 초래한 것 같아 보였다.

사실 지난 10년간 파키스탄 여성에 대한 폭력은 여러 면에서 가중되고 있다. 한 신문 보도에 의하면 가정 여성의 99%가 남편에게 맞는다고 했고 직장 여성의 77%가 그런 경험이 있다고 하였다. 파키스탄 무슬림 여성에게 가해진 이러한 폭력은 정부의 정책과 무관한 것이 아니며 오히려 정책적이라고 볼 수 있다는 점을 주목할 필요가 있다. 예를들면 "후두드"(이슬람법에 따른 벌)규정은 간통과 성폭행을 구별하지 않으며 성폭행의 경우는 4명의 남자 증인이 있어야 한다는 것이다. 그러므로 성폭행에 대한 증인의 도움이 인정되지 않으면 간통으로 인정되어 오히려 어처구니 없이 억울한 매질(후다)을 받게 된다.

"여성의 역할은 파키스탄에서 더 좁혀져 가고 있다."[29]

파키스탄에서 꾸란은 적응주의, 현대주의자의 해석보다 오히려 문자주의적으로 더욱 융통성없는 교리주의적인 해석을 통해 여성의 억압과 고통을 심화시키고 있다고 볼 수 있다.[30]

3. 1990년대 아크바르 아흐마드의 여성 문제에 관한 견해

아크바르 아흐마드[31] 는 이슬람교의 여성의 위치는 이슬람을 이해하는데 큰 역할을 한다고 하면서, 이슬람교 초기 공동체 '움마'에서는 예언

---

29) Kenneth Cragg, "Contemporary Trends in Islam", from *Muslims and Christians on the Emmaus Road*, (ed)J.D.Woodberry, MARC, 1989, p.31.

30) Hilda Saeed, "How Religion Contributes to the Oppression of Women," in *In God's Image*, June, 1987, p.24.

31) Akbar S. Ahamad, *Discovering Islam*, Rutledge & Kegan, 1988, pp.184-195.

자 무함마드의 아내 카디자와 그의 딸 파띠마-4대 칼리프 알리의 아내며 하산과 후세인의 어머니[32]-가 이상적인 여성으로 크게 활약하였기에 원리주의로 되돌아가자는 운동이 여성을 억압하는 것이 되어서는 안된다고 말한다. 실제로 이슬람교 초기 확장 시대에 무슬림 여성은 전쟁의 선두에 섰고 예술가, 작가로 활동하였으며 라비아같은 성현, 라지아같은 인도(현재 파키스탄)의 통치자도 있었다. 또 파키스탄 건국 후 지나 대통령 이후 제2대 대통령 선거에는 결혼을 하지 않은 여성으로 지나의 여동생 파띠마 지나가 출마하였다. 이것은 이상적 무슬림 여성상에 위배된 것이다. 왜냐하면 파띠마 지나는 결혼을 하지 않았고 베일을 쓰지 않았으며 정치가로 활약하였다. 파띠마 지나는 대통령으로 당선되었던 아읍 칸과 팽팽한 정권을 행사하였고 많은 여성들이 그를 지지하였다. 그럼에도 불구하고 오늘날 파키스탄 여성의 위치는 사우디 아라비아 등 다른 아랍국가의 여성들과 다를바 없이 매우 불안하고 좌절감을 주고 있다.

신문에 보도되는 내용 중 여성이기 때문에 가해진 악과 그 피해는 상당한 부분을 차지한다. 『아랍 세계의 여성』[33]이라는 책에서 이집트의 여류작가 나왈 엘 사다위(Nawal El Saadawi)[34]는 끔찍한 여성억압의 많은 사례를 들고 있다. 실제 이러한 상황은 파키스탄에서도 다를 바 없다. 이슬람 격언에는 여성에 대한 다음과 같은 내용이 있다. "여자는 코르(Kor, 집)에 있든지 아니면 '고루'(gor, 무덤)에 있든지 둘 중 한 곳에 있어야 한다."[35]

---

32) Ibid., p.185.

33) Nahid Toubia (ed), *Women of Arab World*, Zed, 1988.

34) Nawal El Saadawi, "Political Challenges Facing Arab Womwn at End of 20th Century," *Women of the Arab World*, Ibid, pp.8-26.

35) Ibid., p.188.

아크바르 아흐마드는 여성에 대한 이러한 차별의 사회 현상이 서구 식
민주의 정책으로 악화되었으며 그것이 이슬람교의 쇠퇴기에 일어났다고
한다. 그리고 모굴 시기 이후 식민 시대에 정치적·사회적으로 압제당하
던 무슬림 남성이 그 좌절과 불안과 공포를 여성에게 표현하거나 여성을
집안에 가두는 식의 현상을 보여주게 되었다는 것이다.[36] 즉 아크바르
아흐마드는 이슬람 여성상은 꾸란의 정신인 예언자 무함마드의 가르침에
의하여 여성을 존중하고 인정하는 개혁이 본질적이었는데, 이슬람교의
확장과 쇠퇴 과정 특히 18세기 이후 서구의 식민 정책으로 인해 이슬람
여성관이 왜곡되어 그러한 현실을 야기시킨 것이라고 주장한다.

4. 파키스탄 여권 문제에 대한 전체적 평가와 요약

지금까지 오늘의 파키스탄 여성 이해를 위해 두 가지 대조적인 동향을
검토하였다. 그 하나는 원리주의 부흥 동향으로서 마우두디와 이스라르
를 통한 검토였다. 이들은 모두 아랍세계의 이슬람교 원리주의의 부흥-
와하비 운동, 무슬림 형제단(이크완 알 무슬리민)-과 맥을 같이하는 "즈
마엇대 이슬람"의 대변자들로서 원리주의의 강화를 위해 강력하게 여성
의 "베일"을 강요하고 이슬람법에 따라 성, 결혼, 이혼 절차를 실천하려
하였다.

반면에 현대주의를 대표하는 아미르 알리, 이끄발, 파즐루 래해만을
통해서는 베일을 벗고 피조물로서 가정과 사회에서 남녀 동등하게 일하
고 생활하는 이슬람 여성의 해방을 이슬람교에서 찾으려 하는 움직임을
검토하였다. 이들은 서구의 최고 교육을 접한 이들로서 서구의 장점을
많이 도입하려 하였으며 이슬람교의 정신을 갱신, 부각시키려한 것으로
평가할 수 있다. 하지만 그들 자신과 그들의 가족 즉 실생활에서는 이러

---

36) Ibid., pp.185-195.

한 갱신 및 부흥이론을 과감하게 행하지 못하였다고 본다. 그러므로 그들의 훌륭한 글에서는 여성이 인간다운 삶, 피조물로서 남성과 동등한 삶을 평화롭게 누리는 감상적 충격과 자극이 있었지만 변혁으로까지는 이르지 못한 것을 알 수 있다.

그러므로 이슬람교의 여성과, 현대 파키스탄 여성 이해와 이에 따른 변혁을 위해서는 여성 문제를 여성이 다루어야 한다는 점이 드러나게 되었다. 그러한 이해하에 파키스탄 여성들 중에서 이슬람교 사회주의자였던 부토 여사(베금 부토)의 여권선언서와 현재 파키스탄 교회 기구에서 여권운동을 하는 여성들의 글을 검토하였다. 그런데 이들의 글과 노력도 파키스탄 여성들에게는 잘 인식되지 못해(여성의 80%가 문맹이므로) 극히 소수만이 이슬람교 여성관의 재확립에 관심을 가지고 있음을 볼 수 있었다. 그리고 이 소수의 여성들조차 정치적으로 문화적으로 사회 내에서 모두 외면을 당하고 있는 것이 현실이다. 또 그들은 자기들끼리만 모일 수 밖에 없게 되었고 여성이라는 "섬" 컴플렉스를 갖게 되어 스스로 사명감있는 즐거움으로 이 사역을 하지 못하는 것처럼 보인다. 즉 원망과 비판의 피곤함을 극복하지 못한 채 여권 활동을 수행하고 있지 않는가라는 평가를 할 수 있을 것이다.

여기에 덧붙여 원리주의냐 현대주의냐, 여성주의냐라는 흐름을 떠나 이슬람 여성을 조명한 글을 검토해 보았다. 그것은 이슬람교의 매우 폐쇄적이며 비개방적이고 화석화된 여성관의 배경이 꾸란의 여성관, 예언자 무함마드의 여성관에 있지 않고 오히려 서구 식민주의자들에 기인한다는 해석이었다. 그러나 현대 이슬람교의 여성과, 특히 파키스탄을 중심으로 무슬림 여성들의 보다 나은 위치와 역할을 위해서는 지난 날의 역사적 배경도 중요하지만 가까운 미래와 현재를 새롭게 고찰하여 변혁의 가능성을 모색하는 데 힘을 모아야 한다는 것이 논자의 입장이다. 그러한 하나의 제언으로서 한국교회 여성의 선교적 차원의 사고라는 과제에 대한 것을 마지막 장에서 다루고자 한다.

Ⅵ. 파키스탄 무슬림 여성들에 대한 한국교회 여성의 선교

1. 무슬림 여성에 관한 이해의 필요성

국제화 시대에 사는 한국교회 여성은 세계 선교적 안목을 갖고 이슬람교의 여성관을 이해하는 것이 필요하다. 비슷한 동양적 사고방식을 가진 8억 5천만-세계인구의 6명 중 1명의 비율-의 무슬림 인구를 생각할 때 무슬림 여성에 관한 이해의 필요성은 분수에 맞지 않은 생각이 아니다. 그것은 우리 앞에 다가오는 이슬람 세계에 관한 뉴스와 세계 경제와 정치에서 큰 몫을 하는 이들의 여성이기에 더욱 그러하다.

동시에 이러한 이해는 한국교회 여성의 사고의 폭을 넓혀준다고 볼 수 있다. 이제는 폐쇄적이고 가족적인 친족 위주의 여성의 자리를 넓혀서 개방적이고 사회적인 이웃 위주의 사고를 해야 하는 때인 것이다. 그러한 출발로서 무슬림 여성이 어떤 삶을 살며 주로 어디에 살고 있고, 어떻게 가까이 있는 무슬림을 이웃으로 만날 수 있는가를 의식해야 하는 것이다. 현재 한국에는 많은 한국 무슬림 신도들이 있고, 단기 혹은 장기로 외국으로부터 들어와 있는 무슬림 신도들이 있음을 생각해 봄이 중요하다. 그들과의 만남과 대화는 교회 여성의 그리스도인 됨으로 인한 은혜와 풍성한 삶에 도전이 될 것이다.

2. 만남과 대화의 장

무슬림 여성과의 만남의 접촉점을 찾아 보자면 다음과 같은 것이 있을 수 있다. 전공 분야에 따라 또 관심있는 프로젝트의 실천-정박아들을 위한 모임, 빈민촌 구제 모임, 가정 문제 상담 모임 등-을 통해서이다. 이러한 과정에서 독서와 만남, 교제로 이슬람교의 정신이 본래 여성을 위한, 인간다운 삶에로의 개혁과 변혁에 근거한다는 것을 생각해야 한다.

이러한 사고를 성숙시켜 나가기 위해 다음의 몇 가지 구체적 제안을 해 보고자 한다.

첫째로 한국교회 여성은 한국 내에 있는 무슬림 여성들을 알아본다. 그들이 어떻게 이 문화권에서 적응하며 그들의 여권 이해는 어떠한지 검토하여 본다. 둘째는 고등 교육 수준 즉 대학교 교육 기관과 교회 여선교회에서 단기로 학생 및 교수의 교환 그리고 교회 여성 교환을 해보는 것이다. 우수한 극소수, 한두 명을 서로 교환하여 서로를 통하여 배우는 것이다. 서구 작가나 무슬림 작가들에게만 의존하지 아니하고 직접 한국 교회 여성의 통찰과 연구로 무슬림 여성을 이해해 보는 것이다. 셋째는 이슬람교의 여성들을 포함하여 이슬람교를 역사적으로 신학적으로, 문화적으로 이해할 수 있도록 이슬람 선교연구소[37] 설치에 적극 참여하는 것이다. 이것은 서구 기독교와 이슬람교와의 역사적 적대감을 생각할 때 제 삼의 지역, 고통과 수난의 역사, 현재에도 이념으로 인해 격리와 아픔의 벽을 헐지 못하는 이 땅의 여성이 주체가 되어 만남과 대화의 공간을 마련하는 것이다. 이러한 화해의 교량적 역할의 장으로 인해 공동 문제를 연구하는 공통 경험의 시간들을 가질 수 있게 될 것이다. 논자는 이러한 기관이 21세기를 향한 기존 교회의 선교를 변혁하며 시대의 요청에 순종하는 표현으로 절실히 필요함을 밝히고자 한 것이다.

VII. 맺음말

서기 6세기의 아랍 세계에서 여성들이 받던 비인간적 처우와 비교하면 꾸란의 여성에 대한 구절들은 그 당시의 상황에서 여성을 보호하고 존중

---

37) 전재옥, "이슬람권 선교 방법", 미간행 강연원고 1991.8.21 한국 감리교선교사 세계대회 발제자료(1991.9.21-24. 광림교회).

하려는 의도의 가르침이었다는 점을 21세기를 향한 선교 여성은 인정해야 할 것이다. 그러나 동시에 이슬람 정신에 입각하여 오늘의 파키스탄 여성들을 관찰할 때 꾸란의 여성관의 문제와 한계, 이에 근거한 이슬람법이 안고 있는 고질적이고 비인간적인 여성에 대한 이미지는 부정할 수 없는 점이다. 또 원리주의자들이 다시 꾸란에 철저히 문자적으로 매이는 부흥 운동, 또는 이슬람 정신의 부흥을 정치적으로 종교적으로 투쟁하듯 시도하는 것은 외형적으로 어떤 질서에로 복귀하는 것처럼 보이기도 한다. 그러나 여성이 베일을 썼다고 사회의 악과 도덕의 문제가 해결되는 것이 아님을 시인할 수 밖에 없을 것이다. 또 여성에게 소망을 주는 가르침이었던 꾸란의 여성의 장이 서구에게 당하는 위협감과 느끼는 열등감의 해소를 위해 여성을 '속죄양'으로 내세워 해결하는 자료일 수 없다는 것도 사실이다. 그러므로 무슬림 여성은 이제 더 이상 사회악을 속죄하는 속죄양으로 견디기를 거부해야 함을 서서히 깨닫기 시작할 것이다.

이제 무슬림 여성을 위한 한국교회 여성의 선교적 차원의 사고는 이슬람교와 그 정신을 무시하거나 쓸모없는 것처럼 멀리 던져 버리는 무책임한 것이 되어서는 안된다. 오히려 이러한 무슬림 여성의 세계에 기독교 복음이 그들의 세계관을 변혁시키고 그들을 인간화할 수 있다는 것을 수용해야 한다. 선교적 사고는 계속적으로 낯설은 이웃을 향해 나가는 데서 발전하는 것이므로, 21세기의 복음 선교에 참여하는 준비를 하는 한국교회 여성은 관심 영역을 넓혀 무슬림 여성들을 하나님이 계속 창조해 나가는 작품으로 감상하며 그 창작 활동에 포함되기를 간절히 소망해야 할 것이다. 그리고 그 가운데서 우리는 창조주 하나님 앞에서 무슬림 여성이 본질적으로 무슬림 남성과 같이 인간됨을 드러내며 사는 능력이 그리스도 선교에서 이루어지고 있음을 계속 의식할 수 있는 것이다.

그러므로 이슬람 여성관과 기독교의 여성관은 배척과 대치의 문제가 아니라 오히려 그리스도 선교의 선례에서 보여 주듯이 이슬람교의 여성관, 즉 꾸란의 여성관의 정신을 다시 해석해 보아야 할 것이다. 즉 우리는 복음과 꾸란의 관계를 배척과 적대감의 문제로만 보지 않고 충만하게 됨과 완성케 하는 선교적 관계로 이해해야 할 것이다. 여기에 한국교회 여성의 선교적 사고의 의미가 있고 공헌이 있으리라 확신한다. 한국교회의 선교적 차원의 사고는 무슬림 여성에게 말씀과 말씀에 따르는 변혁이 필요하다는 점을 내용으로 한다. 그리고 그 필요한 변혁은 꾸란과 예언자 무함마드의 시대적 상황에서 어느 정도 효과를 거둔 것이 사실임이 암시되었다 할지라도 그러한 변혁의 능력이 주어지는 것은 예수 그리스도의 복음의 능력에 잇대어 사는 데에 있다는, 이 의식을 심어주는 것이 한국교회 여성의 선교적 사고에 대한 도전이라 할 수 있다.

☞ 이화여대 한국문화연구원 논총 제59집에 게재된 글입니다.

무슬림 여성

조희선*

　남성에 대한 '타자'적 존재로 인식되는 여성에 관해 이야기할 때 보통 불교 여성 혹은 기독교 여성이라고 지칭하기 보다 한국 여성이나 일본 여성, 혹은 미국 여성이나 서구 여성 등으로 명명하는 것이 더욱 일반화되어 있다. 그러나 이슬람 제도권하에 살고 있는 여성은 유독 무슬림 여성으로 분류하여 이질적인 집단으로 보는 것이 오늘날 무슬림 여성에 대한 일반적인 시각이다. 그러나 여성을 애초부터 '원죄의 원인'으로 보는 기독교 문화나 여성의 순종과 복종만을 가르쳐 온 유교 문화, 여신불성불(女身不成佛)로 여성을 도외시 해 온 불교 문화, 사티(Sati)[1]의 풍속을 지닌 힌두교 문화 등의 소위 제도권 문화 가운데서 무슬림 여성의 위치는 어떻게 자리 매김 되는 것일까?

　무슬림 여성의 위치와 무슬림 여성관은 시대에 따라 많은 변천을 겪어 왔다. 이슬람 초기 여성의 위치와 그 이후의 여성의 위치가 다르며, 이슬람의 경전 꾸란에서 제시하고 있는 이상적인 여성관과 여러 요인들이

---

* 명지대학교 아랍어과 교수
1) 죽은 남편을 따라 타 죽는 아내

복잡하게 얽혀 있는 현실에서의 실재적인 여성관이 다르다. 또 오늘날에 와서는 각 이슬람 국가의 여성의 위치와 역할은 종교보다는 국가의 이념, 경제 발달의 수준, 사회 계층의 분포도, 각 국의 역사적 상황 등에 의해 많이 좌우되고 있다. 따라서 본고에서는 무슬림 여성상에 대한 역사적 배경을 고찰한 후, 꾸란에 나타나는 이상적이고 전통적인 무슬림 여성관, 그리고 사우디 아라비아, 이란, 이집트, 레바논 등을 중심으로 이슬람 운동 이후 현대 무슬림 여성의 상황과 그들의 페미니즘 운동을 간략히 살펴보고자 한다.

1. 역사적 배경

이슬람 이전 아라비아 반도의 사회 제도는 부계와 모계가 공존하던 사회였음을 당시의 다양했던 결혼 제도를 통해 알 수 있다. 이슬람 출현 이전 약 150년 동안을 지칭하는 자힐리야 시대 아랍 여성의 위치는 일반 무슬림 학자들이 전하는 것보다 상당히 높았던 것으로 전해진다. 일반적인 경우는 아니다 하더라도 자힐리야 시대 여성 가운데는 시인, 시 암송자, 문학 비평가 등으로 명성을 얻은 여성이 있는가 하면, '무지르'[2](보호자)로서의 사회적, 정치적 역할 또는 '카히나'(예언가)로서의 종교적인 역할을 수행하였던 많은 여성들이 있었다는 사실이 자힐리야 문학을 통해 우리에게 전해진다. 또 당시 여성에게 얼마간의 재정권이 있었다는 사실도 꾸란이나 자힐리야 시에서 발견된다. 또한 여성이 전쟁에 동참하여 병사들의 사기를 북돋우기 위해 북을 치며 시를 노래하는가 하면, 부상병을 치료하거나 직접 전쟁에 참여하기도 하였다. 그 밖에도 당시 여

---

[2] 당시 아라비아 반도에서는 타 부족에게서 쫓겨난 사람을 받아들여 보호해 주는 풍습이 있었는데, 이를 할 수 있었던 사람은 보통 부족의 유력가였다. 이들을 '무지르' 즉 보호자라 불렀다.

성은 다양한 결혼 형태를 통하여 어느 정도의 성적 자율을 누렸던 것으로 추정할 수 있다. 베드윈적 생활로 이와 같은 적지 않은 자율성과 사회 활동을 영위하였던 자힐리야 여성에게 종교적 계율로서의 이슬람의 도래는 당시 여성에게 어느 정도의 규제와 속박을 가져다 준 것이 분명하다.

이슬람 이전과 이후를 단절하는 것은 잘못된 역사관으로, 특히 여성 문제의 경우 이슬람 초기 동안에는 이슬람 이전의 관행이 어느 정도 지속되었다고 볼 수 있다. 또한 이슬람이란 종교가 상업 도시 메카에서 출현하였다는 사실을 주목해 볼 필요가 있다. 당시 아랍 사회는 사회, 경제 생활에서 여성의 기여를 필요로 하였으며, 남성과 동등하지는 않았으나 그 당시 어떤 지역 보다 여성에게 보다 많은 자유와 사회적 역할이 보장되어 있었다. 이같은 지역에서 태동한 종교 이슬람이 아라비아반도의 압도적 종교로 자리잡게 되었을 때, 여성은 더욱 활발하게 사회 활동에 참여할 수 있었다. 그리고 이슬람은 자힐리야 시대 최대의 사회적 악습이라고 일컬어지는 '여아 생매장' 풍습을 종식시킴은 물론, 남녀의 평등 의식이나 여성의 보호관 등 당시 주변 국가에서는 볼 수 없었던 파격적인 여성의 위치와 지위, 권리를 확보해 주었다. 예언자 무함마드에 의해 계시되었던 꾸란에는 남녀의 평등 사상을 주창하는 여러 구절이 있어, 적어도 정신적, 도덕적 의무에서 남성과 여성이 동등시되고 있음을 알 수 있다. 따라서 무함마드의 생존시에는 비교적 여성에 대한 긍정적인 시각이 우세하였던 것으로 보여진다.

초기 이슬람 시대의 무슬림 여성은 남성과 더불어 전쟁에 동참하기도 하였으며, 예언자의 부인인 아이샤가 '낙타 전투'를 진두 지휘한 것은 그 좋은 예라 할 수 있다. 종교적인 면에서도 초기 무슬림 여성은 종교 토론에 참여하여 비중 있는 역할을 수행하였다. 무함마드의 부인 아이샤는 2,210개의 하디스를 전승한 하디스 전승가로 인정받고 있으며, 2대 칼리파의 딸 하프사는 아버지에게서 꾸란의 필사본을 물려받아 3대 칼리파 오스만에게 물려줌으로써 그 시대의 꾸란 편찬에 기여하였다. 여성에 대한 존중심이 없었더라면 여성의 전승이 신성한 종교의 증거가 되기란 쉬운 일이 아니었을 것이다. 비록 이들이 예언자의 부인, 혹은 칼리파의 딸이란 특별한 신분을 지녔던 여성들이긴 하지만, 압바스 시대 권력 핵심의 측근이었던 여성들조차 낮은 위치에 있었던 점을 감안해 볼 때, 이슬람 초기 여성의 위치는 상당한 것이었음을 알 수 있다.

결혼 문제에 있어서도 이슬람 초기에는 여성의 결혼 전력이 아무런 걸림돌이 되지 않아 미망인이나 이혼녀가 자유롭게 재혼할 수 있었다. 예언자의 첫 부인이었던 카디자는 두 번 이혼한 과부로서 아무 후견인 없이 무함마드에게 청혼하였다. 그러나 압바스 시대 이래로 조로아스터교의 잔재라 할 수 있는 여성의 처녀성이 강조되면서 재혼에 대한 부정적인 시각이 등장하게 되었다. 또한 우마위야 시대 이래 끊임없는 정복 전쟁 결과, 수많은 여자 노예들이 이슬람 세계에 유입되면서 축첩의 풍습도 더해졌으며, 사산 제국의 하렘 제도가 도입되어 여성이 사회적으로 고립되기 시작하였다.

예언자 무함마드 사후, 아랍 무슬림들이 여성의 사회 참여가 빈약하였던 비잔틴, 사산 제국 등을 점령하면서 아랍 여성의 위치는 떨어지기 시작하였다. 정복민의 숫자가 아라비아 혈통의 무슬림 숫자를 훨씬 상회하게 되면서, 베드윈 아랍인의 문화는 정복지의 사회, 경제적 상황을 변화시킬 수 없었다. 더군다나 이 후 종교를 해석하여 법제화시킨 법학자나 신학자의 상당수가 비아랍인들로 이루어져, 여성에 관한 꾸란 구절을 해석하는데 그들이 지니고 있던 옛 문화의 가치를 적용하였다. 또한 도덕적, 정신적 세계를 추구하던 사람들이 소외된 세속화된 이슬람 제국은 자연 남성중심주의 사상에 젖어 있던 정치인이나 종교인, 법학자들에 의해 다스려졌다. 정치인과 결탁한 종교인들이 꾸란 구절을 자구 그대로 해석하면서 여성에게 불리한 이슬람법이 확립되었다. 정작 정권의 뒷전에서 도덕적, 윤리적 메시지를 강조하던 수피와 카와리지파, 까라미따 운동[3]에 동참하였던 무슬림들은 축첩이나 유아의 결혼, 일부다처, 베일의 착용을 금지함으로써 여성에게 유리한 꾸란 해석을 하였다. 정복전쟁이 확대되고 무슬림 병사의 숫자가 많아지면서 예언자가 여성의 전쟁 참여를 금지하였던 것과는 달리 카와리지파에서는 여성의 성전 참여를 의무화하기도 하였다.

여성의 위치가 초기 이슬람 시대 보다 낮게 설정된 또 다른 이유로 꾸란의 불명확성으로 인한 꾸란 해석의 다양화를 들 수 있다. 예컨대 결혼에 관한 같은 꾸란 구절을 놓고 순니파에서는 1부4처로, 카와리지파는 1부1처로 해석하고 있다. 예언자 자신에게 예외적으로 적용되었던 부인의 수도 이 후 권력자들이 무한정의 여자와 결혼할 수 있는 악용의 소지를 만들어 주었다. 무엇보다도 남성 중심 사회의 타문화가 유입된 10세기 정도에 이슬람법이 확립되어 여성에게 불리한 법규들이 생겨남으로써 무슬림 여성의 지위는 낮게 고착화될 수밖에 없었다.

그 후 이슬람의 중세라 할 수 있는 15세기에서 19세기 초까지 다처, 축첩이 지배계급에서 성행하여 부인과 첩의 숫자가 계급과 권력의 정도를 표현하기에 이르렀다. 또한 이혼과 재혼도 빈번하게 이루어졌다. 그러나 중, 하류 계층 사이에서는 경제적 이유로 일부다처가 감소할 수밖에 없었으며, 결혼 시 여자의 집안에서 일처를 결혼 조건으로 내세우는 경우도 있었다. 산업화가 진행되면서 특히 이혼녀나 미망인들은 베일을 벗고 생활 전선에 뛰어들어야만 하였다.

19세기 말 경제, 군사, 과학의 전 분야에서 이슬람 국가에 비해 우월성을 지녔던 유럽 국가에 의해 무슬림 여성의 문제가 처음으로 제기되었다. 당시 이슬람 지역에서 헤게모니를 잡으려던 유럽인들은 무슬림 여성

---

3) 사회, 정치, 종교 운동으로 그 첫 주창자는 이라크의 함단 까르마뜨이다. 930년 메카를 정복하여 '검은 돌'을 가져 가 22년 후에 돌려 주기도 하였다. 972년 파띠마조의 칼리파 무잇즈가 그들을 진압하였다

의 위치를 이슬람과 무슬림이 열등하다는 구실로 이용하면서 유럽 제국주의와 식민주의의 정당성을 주장하였다. 그들은 이슬람에서 보장된 여성이 누리는 재산권과 상속권 등의 권한은 외면한 채, 당시 종교 외적 요인으로 열악한 상태에 있던 무슬림 여성의 위치를 자신들의 우월성을 주장하기 위한 구실로 삼았다. 오늘날 무슬림 여성에 대한 일반적인 시각은 이렇듯 이 지역의 종교와 관습, 문화 등 이 지역의 독특한 환경과 상황 및 역사적 맥락에서 이해하지 않는 서구 중심의 시각에서 비롯되었다.

무슬림 여성의 열악한 상황을 종교의 탓으로 돌리던 것은 이슬람을 비난하기 위해 무슬림 여성의 상황을 악용하던 유럽인들 뿐만이 아니었다. 아랍·이슬람 국가의 근대화 초기 서구에서 교육받은 지식인이나 정부관료를 비롯한 중산층은 자신이 소속된 사회의 여성이 곤경에 처해 있는 정확한 원인을 제대로 파악하지 못한 채, 아무런 식견없이 겉으로 드러나는 유럽 여성의 자유와 해방을 흠모하였다. 이들은 무슬림 여성이 고통받는 원인을 종교의 탓으로 돌리면서 국가의 진보와 여성의 해방을 동질의 개념으로 이해하였다.

그렇다면, 이슬람의 경전인 꾸란에 언급된 이상적인 여성관은 어떠한 것일까?

2. 꾸란 속의 여성[4]

꾸란은 그 자구의 애매모호함 때문에 그 해석에 따라 의미가 달라질 수 있다. 그러나 꾸란의 자구적 해석보다는 꾸란이 계시되었을 당시의 사회적, 역사적 맥락을 고려하는 것이 무엇보다도 중요하다. 이에 의거하여 꾸란에 나타난 여성의 남성과의 평등관, 유별관, 보호관 등을 살펴

---

4) 이슬람학회논총 제 4집 "이슬람의 여성관" 참조.

보기로 한다.

1) 평등관

꾸란에는 남녀 평등을 주지시키는 많은 구절이 발견된다. 신이 아담의 갈비뼈로 여성의 조상인 이브를 창조하였다는 성경과는 달리 꾸란은 남녀의 공동 창조를 명시하고 있다; "백성들아! 한 영혼으로부터 너희를 창조하시고 그로부터 그의 배우자를 창조하신 주님을 경외하라(4:1)." 즉 신이 남성과 그 배우자를 모두 한 영혼으로부터 창조하였다는 이야기다. 특히 꾸란에는 남녀가 공히 종교적인 권리와 의무를 동등하게 누린다는 여러 구절이 발견된다; "남자이든 여자이든 너희가 행한 선행은 결코 헛되지 아니 할 것이다…(3:195)." "실로 무슬림 남녀에게 믿음이 있는 남녀에게 순종하는 남녀에게 진실한 남녀와 인내하는 남녀에게 두려워하는 남녀와 자선을 베푸는 남녀에게 단식을 행하는 남녀와 정조를 지키는 남녀에게 하나님을 염원하는 남녀에게 하나님은 관용과 크나큰 보상을 준비하셨느니라(33:35)." "믿음으로 선을 행하는 모든 남녀에게 나는 행복한 삶을 부여할 것이다(16:37)." 이렇듯 꾸란 구절은 남성 신자와 여성 신자를 공히 동격에 놓고 신의 계시를 전하고 있다. 즉 무슬림 여성은 종교적인 의무와 수행에서 남성과 동격시되고 있다. 종교적 의무인 5주[5]의 실천에서 여성의 임신이나 수유, 생리 시 단식이나 예배 등의 의무가 부분적으로 면제 혹은 순연되기도 하나 대부분의 종교적 의무와 수행이 남성과 동등하다고 할 수 있다.

혼인 문제에 있어 여성도 청혼을 거절할 수 있다. 결혼 시 후견인의 동의가 필요하기는 하나, 결혼 당사자인 여성이 원하지 않는 결혼을 후견인이 강제할 수 없다. 한편, 미망인이나 이혼녀는 후견인의 동의없이도 결혼이 가능하다. 결혼 시 여성에게 지급되는 '마흐르'(혼납금, 신부

---

5) 증거, 예배, 단식, 희사, 순례로 무슬림들이 지켜야 할 다섯 가지 의무 사항.

값)는 신부의 소유가 되며 ("여인들에게 미흐르를 선물로 줄지어다." 4
장 4절), 결혼 후에도 여성은 자기의 재산을 소유할 수 있기 때문에 남
편이 아내의 재산을 함부로 취할 수 없다; "만일 너희가 다른 아내를 얻
으려 할 때 너희가 그녀(전부인)에게 준 금액 가운데서 조금도 가져올
수 없느니라(4:20)." "너희가 그녀들에게 주었던 마흐르를 가져오는 것
은 너희에게 허용되지 아니하나…(2:229)." 또한 결혼 후에도 여성은 처
녀 시절의 자기 성을 그대로 유지하여 남편의 성을 따르는 취성의 관행
이 존재하지 않는다. 이혼 문제에 있어서도 아내가 먼저 이혼을 제기할
수 있으며, 이 경우 여자는 결혼 시 받은 혼납금에 해당하는 보상금을
남편에게 지급한다. 꾸란은 여성의 재산권과 아울러 여성의 상속권도 명
시하고 있다: "남자에게는 부모와 가까운 친척이 남긴 재산의 몫이 있으
며 여자에게도 부모와 가까운 친척이 남긴 재산의 몫이 있나니 각자에게
는 적던 많던 간에 규정된 몫이 차려지리라(4:7)."

위와 같이 꾸란에서 제시하고 있는 여성관은 유대교나 로마법, 그리이
스법이 보장하지 못한 개혁적인 내용을 담고 있다. 또한 자힐리야 시대
일부 부족들 가운데 남편 사망시 형제나 사촌이 그 부인을 상속한다던
가, 여아를 생매장한다던가, 혹은 딸을 결혼시키지 않는 등의 악습에 종
지부를 찍은 것이 사실이다.

2) 유별관

여성과 남성의 평등 사상과 아울러 꾸란은 여성과 남성의 유별을 기정
사실로 받아들이고 있다. 꾸란은 남성이 여성의 상위에 있다고 보며
("남성과 여성이 똑같은 권리가 있으나 남성이 여성보다 위에 있나
니…." 2:228), 남성이 여성의 '보호자'가 된다고 언급하고 있다; "남성
은 여성의 보호자이니 이는 하나님께서 그녀들보다 강한 힘을 주셨기 때
문이니라(4:34)." 또한 증인의 자격에 있어서도 간음을 벌하는 사건과
같이 중대한 사안에 관하여 이슬람은 여성의 증언에 절대적으로 의존하

지 않으며, 여자 2명의 증언을 남자 1명의 증언으로 간주한다. 꾸란은 남성이 여성보다 육체적으로 강하여 여성을 보호하고 부양해야 할 책임을 가지고 있다고 규정함으로써 결과적으로 남성이 여성의 우위에 있다고 보고 있다.

종교적 의무에서도 남녀는 유별된다. 여성은 모스크의 뒷켠에 분리된 장소에서 근행을 하는데, 이는 좌립을 반복해야 하는 예배 동작에서 남녀가 신체적으로 접촉하거나 한눈을 팔 수 있는 가능성에서 온 유별의식이다. 여성은 또한 월경이나 분만 시에 예배와 단식이 면제되며, 임신이나 수유 시에도 임산부나 태아, 혹은 젖먹이에게 해가 될 경우 단식이 면제되기도 한다.

경제적인 의무나 상속에서도 남녀가 구별된다. 생계비는 남자에게 의무로 지워져 결혼 전에는 부친이나 남자 친척이, 결혼 후에는 남편이 여성의 생계비를 책임진다. 심지어 이혼 후에도 전 남편이 여성의 생계비를 부담하도록 꾸란은 명시하고 있다; "너희 생활 수단에 따라 너희가 사는 것처럼 이혼 당하는 여성도 살게 하라(65:6)." 한편, 상속에서는 "하나님께서 너희 자식들에 대한 상속으로 너희에게 명하사, 아들에게는 두 명의 딸에 해당하는 양을…(4:11)."이라고 여성이 남성 몫의 2분의 1을 상속하도록 규정하고 있다. 이는 남성이 아내와 가족을 부양할 책임이 있기 때문에 가족 부양의 책임이 없는 여성보다 더 많은 상속액을 받아야 한다는 이유에서 비롯된 것이다.

남성에게 아내를 부양할 의무가 지워진 반면, 여성에게는 남편을 공경하고 그에게 복종할 것이 의무로 지워져 있다. 여성이 남편에게 순종하지 않을 경우 여성에게 충고와 제재, 처벌이 가해지기도 하며("남성은 여성을 그들의 모든 수단으로서 부양하나니 여성은 헌신적으로 남편을 따를 것이며 남편이 없을 경우 남편의 명예와 자신의 순결을 보호할 것이로다. 품행이 단정치 못하다고 생각되는 여성에게는 먼저 충고를 하고 그 다음으로는 잠자리를 같이 하지 말 것이며 셋째로는 가볍게 때려 줄 것이로다." 4장 34절), 남편은 여성에게 이혼을 요구할 수 있다. 이러한 꾸란 구절은 후에 여성에게 아주 불리하게 적용되어 부인이 남편에게 불복종하였을 경우 남편이 아내를 심하게 다룰 수 있는 '누슈즈'라는 이슬람법으로 정착되었으며, 여성이 혼외 정사를 했을 경우 후견인이 그 여성을 살해해도 살인죄가 성립되지 않는 것으로 해석되기도 하였다.

3) 보호관

이슬람에서는 일부다처제를 개인의 필요보다는 사회복지적 개념으로 해석하고 있다. 꾸란은 "만약 너희가 고아들에게 공평하게 대해 줄 수 없을 것 같은 두려움이 있다면 결혼을 할 것이니 너희 마음에 드는 여인으로 둘, 셋, 또는 넷을 취할 것이다. 그러나 그녀들을 공평하게 대해 줄 수 없을 것 같은 두려움이 있다면 한 여인이나 아니면 너희 오른손이 소유하는 것(노비)을 취할 것이다. 그것이 너희가 부정을 범하지 아니할 최선의 길이다."라고 명시하고 있다. 이 구절이 624년과 625년 두 차례에 걸친 부족군과의 전투에서 많은 군인들이 사상당한 이후에 내려진 계시라는 점에서, 무슬림들은 일부다처의 개념을 사회의 구제적인 차원으로 해석하고 있다. 그러나 이러한 일부다처에는 아내들에 대한 아무런 편견없이 공평하게 대해 주어야 한다는 다음의 단서가 붙는다; "만약 너희가 그들을 공정하게 대할 수 없다는 두려움이 있거든, 오직 한 여자와 결혼하라(4:3)." "너희가 애를 써도 여인들을 공정하게 대할 수는 없느니라. 그러나 너희는 한 여인만을 완전히 편애하여 다른 여인들을 매달린 여인처럼 되게 하지 말지어다(4:129)." 인간이 여러 아내에게 진정으로 공평하게 대할 수 없다는 이유를 들어 카와리지파와 까라미따 운동에서는 일부일처를 주장하기도 하였다. 이렇듯 일부다처는 일정한 조건하에서만 허용되는 제도로 모든 무슬림들에게 보편성을 지닌 혼인 제도는 아니다. 현재 이슬람 국가 가운데 투니스와 터키에서는 실제적으로 일부다처를 법적으로 금지하고 있다.

히잡(베일) 역시 이슬람에서는 여성의 보호라는 측면에서 이해하고 있다. 여성의 히잡을 언급하고 있는 꾸란 24장 31절 즉, "밖으로 나타내는 것 외에는 유혹하는 어떤 것도 보여서는 아니 되니라. 그리고 가슴을 가리는 수건을 써서 남편과 그녀의 아버지, 남편의 아버지, 그녀의 아들, 남편의 아들, 그녀의 형제, 그녀 형제의 아들, 그녀 자매의 아들, 여성 무슬림 그녀가 소유하고 있는 하녀, 성욕을 갖지 못하는 하인, 그리고 성에 대한 부끄러움을 알지 못하는 어린이 외에는 드러내지 않도록 해야 되니라."에서 '유혹하는 것'과 가슴이라고 언급되어 있을 뿐 무슬림 여성이 가려야 할 신체 부위가 구체적으로 언급되어 있지 않다. 후에 이슬람 법학자들이 '밖으로 나타내는 것'을 얼굴과 손으로 이해하고 그 부분을 제외한 모든 신체 부위를 가려야 한다는 법적 해석을 내림으로써 그것이 관행화되었다. 오늘날 이슬람 운동의 확산으로 무슬림 여성의 자발적인 베일 착용이 확산되고 있다. 그러나 베일의 착용을 법적으로 의무화한 이슬람 국가는 사우디 아라비아에 불과하다. 여성의 베일 착용이 여성에 대한 굴레가 아니라, 여성의 성적 상품화를 막고 여성의 의류비 지출을 막아 경제적 이득도 가져다 준다는 시각이 오늘날 전통적 무슬림 페미니스트들의 주장이다.

3. 현대 이슬람 국가의 전통적 페미니즘 운동

1979년 이란의 이슬람 혁명은 이슬람 운동의 확산을 예고하였다. 문화적 정체성과 정통성을 최고의 이념으로 삼고 있던 '이슬람주의자'들은 무슬림 여성을 이슬람 문화의 가치와 전통의 상징으로 받아들였다. 이슬람 운동의 확산 후, 이슬람 세계의 여성들은 자신들을 이슬람적 가치의 상징으로 삼으려 하는 이들의 주장을 고귀한 사명으로 받아들이는가 하면, 또 다른 한편에서는 자신들의 직업과 의상, 여행 등에 규제를 가하는 이슬람주의자들의 주장을 거부하기도 하였다. 이러한 현상은 각 국의 정치적, 경제적 상황에 따라, 또 같은 국가 내에서도 사회 계층, 교육 정도, 연령, 민족 그룹의 차이에 따라 그 양상이 다르게 나타났다.

이란 여성의 경우, 그들은 이슬람 혁명에 적극적으로 가담하였으나 혁명 성공 후에는 주변적인 존재로 전락하였다. 1980년 호메이니는 '베일 법령'(Hijab law)을 공표 하여 정부 부처에서 일하는 여성에게 베일을 의무화하였다. 또한 피임과 임신 중절이 금지되었고, 여성의 법적 결혼 인정 연령이 13세로 낮추어졌다. 여성은 판사가 될 수 없으며 증인을 설 때 남성의 반의 역할밖에 인정받지 못하였다. 이러한 원칙적인 여성의 위치에 대한 불평등과 더불어, 베일의 착용을 수용하는 종교적인 타협과 투쟁을 통하여 1990년대 초 이란 여성들은 국회에서 진출할 수 있는 기회를 얻었으며, 자유업에서 자신의 위치를 확고히 할 수 있었다. 교육이 모든 무슬림의 권리라고 하는 이슬람 원리에 근거하여 여성들은 남성과 동등한 교육의 기회를 확보할 수 있었으며, 심지어 의학 교육을 남성에게만 한정시키던 관행에도 대항함으로써 보다 폭넓게 사회 활동에 적극 참여할 수 있었다. 또한 여성에게 불리하게 적용되던 이혼법도 개정하여 이혼 후 여성의 재정적 권리를 확보하기도 하였다.

이집트 여성은 18세기 당시 이집트의 정치, 경제, 사회적 요소가 그들의 재산권 확보를 가능케 하였다. 당시 이집트를 지배하던 맘룩간의 투쟁과 암투는 그들로 하여금 여성의 재산 상속을 일반화시켰다. 전쟁이나 암투로 사망할 것을 우려하여 혹은 재산 몰수를 염려하여 그들이 여성에게 상속함으로써 여성은 남편이나 아버지로부터 많은 재산을 상속받을 수 있었다. 당시 여성들은 토지를 팔고 사는 일에 종사하기도 하였으며, 많은 여성들이 사업가적 수완을 발휘하여 완전한 재산권을 행사하기도 하였다. 당시 경제적 권한을 행사하였던 종교학자 울라마들도 여성 편에서 그들을 지지하였다. 그러나 19세기 영국의 이집트 점령에 따른 중앙집권의 강화와 울라마들의 권위 약화는 여성의 경제 활동 참여에 현격한 변화를 가져왔다. 국가에 의해 부가 통제되면서 여성의 경제적 권한은 축소되었으며 여성과 울라마의 연계도 사라지게 되었다.

　20세기 초 이집트의 독립과 더불어 여성의 위치가 재정립되기 시작했다. 1930년대 여성 교육의 확대, 특히 대학 교육의 허용은 여성의 권한과 사회 참여의 확대를 가져왔다. 이집트에서의 여성의 권리 회복 투쟁은 서구의 모방이 아닌, 이슬람이 보장한 여성의 권리에 대한 재인식과 이슬람에서 보장한 여성의 재정적 권한의 회복에 기초하였다. 보호와 종속이라는 이중 개념을 가지고 있던 베일에 관해서도 그것을 분명히 해야 할 필요성이 생겨나게 되었다. 아랍의 민족주의 엘리트들도 교육을 받고 직업을 가진, 그러나 서구화되지 않은 '신여성'의 창출에 기여하였다. 그러나 '명예를 위한 범죄'[6](crime of honour)의 불식에는 적극적으로 대처하지 않았다. 이러한 범죄는 가난한 농부 계층에게 일어나는 것으로 우선 엘리트 여성의 관심사 밖이었고, 아랍 여성 페미니스트들은 이러한 문제를 서구식의 성적 난잡의 허용으로 비춰질까봐 적극적으로 대처하지 않았다. '히잡'(베일)은 이슬람 운동의 주요 문제로 부상하였으며, 히잡이 여성의 사회적, 경제적 혜택을 가져다 준다는 인식이 확산되면서 자발적인 히잡 착용이 확대되었다. 대부분의 남성들이 히잡을 쓴 여성을 결혼 상대자로 선호하면서 히잡을 쓴 여성이 결혼할 수 있는 가능성이 높아졌으며, 유행을 타지 않는 히잡의 착용은 경제적 실용성을 가져다 주었다. 이슬람 운동의 확산과 더불어 여성의 자발적인 히잡의 착용은 여성운동의 근원이 서구의 가치가 아닌 이슬람의 재해석에 있다는 것을 단적으로 설명해 주는 것이라 할 수 있다. 이슬람 혁명 이후 이란의 여성 운동과는 달리 이슬람 운동에 따른 전통적인 이집트 여성운동가들은 가족법이나 이혼법, 후견인 제도, 일부다처, 상속 등의 문제에 관해서는

---

6) 결혼하기 전의 처녀가 남자와 관계하거나 결혼한 여자가 혼외 정사를 했을 경우, 아버지나 오빠 혹은 남편이 가문의 명예를 걸고 그 여자를 살해하던 관행.

미온적인 태도를 보이고 있다. 그러나 이집트 여성은 이란과는 다른 정치적, 경제적 과거로 인하여 사회적으로 보다 전문적인 일자리를 확보할 수 있었다.

레바논 여성의 경우, 은행, 병원, 상점, 방송 등에서 여성의 활동이 두드러지는 것과는 대조적으로, 국가에서의 여성의 실질적인 영향력은 매우 제한되어 있다. 정치 분야에서 여성의 활동은 거의 찾아보기 힘들며, 고위 행정직에서도 일부 배경이 좋은 여성들을 제외하고는 여성을 찾아보기 힘들다. 이것은 레바논이 안고 있는 계층과 성, 종교간의 장벽이 평등 사상이나 제도화된 여성 운동을 가로막기 때문이다. 매우 현대화되어 보이는 레바논에서 여성은 '주요 결정권'(decision-making)의 지위에 접근하지 못하는 것이 현실이다. 서구의 식민주의 시대가 종식되었음에도 불구하고, 여전히 레바논에서는 유럽과 미국식 학교가 남겨 놓은 잔재로 서구식 교육 과정을 채택하고 있는 기독교 학교가 현대화의 표본이 되고 있다. 또한 종교 갈등과 이로 인한 사회 계층 분열은 진정한 여성의 자유 확보를 방해하고 있다. 레바논 헌법에 명시된 남녀평등의 조항에도 불구하고 법 실행에 있어서는 '명예를 위한 범죄'가 여전히 묵인되는 등 불평등이 존재하고 있다.

한편, 사우디 아라비아의 여성은 이슬람의 상징처럼 되어 국가와 가족의 명예를 모두 짊어지고 있는 듯하다. 사우디는 여성의 베일 착용을 의무화하고 있으며, 여성의 운전을 법적으로 금하고 있다. 이러한 규제는 사우디에 거주하는 외국인에게도 예외 없이 적용된다. 서구적 개방화와 여성 운동은 즉각적으로 저지되어 왔다. 1990년 걸프전 당시 국가의 통제력이 약화되자 사우디 아라비아 여성들이 자신들에게 자동차 운전 허용을 요구하는 데모를 벌이기도 하였으나 이는 즉각적으로 저지되었다. 그 결과 사우디 아라비아 여성은 엄격한 이슬람적 가치를 통하여 자신의 위치와 권한을 확보하려고 노력하고 있다. 즉 그들은 베일을 쓰고 이동의 자유를 확보함으로써 완전한 격리로부터 벗어날 수 있었다. 또한 남성과 격리된 분야, 즉 여성을 위한 은행, 여성 전용 상점 등의 분야에서 자신의 사회적 영역을 확보할 수 있었다. 가족의 생계를 위해 집안의 가사 노동은 물론 집 밖에서 돈벌이에 나서야 하는 이집트 여성과, 베일을 쓰고 파키스탄인 운전사를 대동하고 쇼핑을 하러 나오는 사우디 아라비아 여성을 여성의 베일을 통한 사회 격리가 곧 여성의 구속이라는 차원에서 함께 논하기란 어려운 일이다.

이상에서 살펴본 바대로 이슬람 초기의 꾸란과 순나는 당시 여성의 위치를 향상시킨 것이 사실이다. 그리고 그것은 오늘날 이슬람 세계의 여성 운동의 밑거름이 되기에 손색이 없었다. 특히 경제적 독립의 상징인 예언자의 첫 부인 카디자, 정치적 수완과 종교적 권위로 인정받던 예언자의 애처 아이샤, 도덕성과 종교적 권위의 상징이었던 예언자의 딸 파띠마와 같은 7세기 무슬림 여성은 오늘날까지도 이슬람 여성의 본보기가 되고 있다. 그러나 여성을 경시하는 타문화의 유입과 남성 중심의 이슬람법이 제정되면서 무슬림 여성의 위치는 하락의 길을 걷게 되었다. 꾸란의 이중적 특징 즉, 불변하는 신성한 특징과 다양한 해석이 가능한 진화론적 특징도 이 후 여성에 대한 양비론적 시각을 가져온 요인 가운데 하나이다. 그러나 무슬림들이 꾸란을 확고부동의 텍스트로 볼 것이 아니라 사회의 동적인 한 작용으로 인식하는 것이 바람직할 것이다. 또한 이 지역의 독특한 환경과 상황을 고려하지 않은 서구적인 시각을 탈피하여 중립적인 상대주의 원리에 입각하여 무슬림 여성을 바라보는 시각이 필요하다. 예컨대 베일을 여성의 속박의 개념이 아닌 여성의 보호라는 측면에서의 시각도 가져볼 만하다. 베일은 오히려 여성을 눈요기 감이 아닌 한 인격체로서의 존엄성을 가져다 줄 수 있다. 이란 여성은 베일을 정치, 경제적 권한을 확보하기 위한 여성 운동의 도구로 활용하였다. 이집트에서는 베일이 도덕적 우위를 가져다 줌은 물론, 경제적 실용성의 혜택을 가져다 준 것으로 해석하고 있다. 사우디에서의 베일 착용은 여성의 이동의 자유는 물론 사회 활동의 더 많은 영역을 확보해 주었다. 따라서 이슬람 세계의 베일 착용이 여성에 대한 속박이라든가 비근대적이라고 단정짓는 것은 서구적 시각에 불과하다.

아랍 여성의 법적 지위
(The Legal Status of Arab women)

공일주*

1. 머리말

개인의 지위(al-'ahwaal al-shakhsiyyah)란 말은 근자에 아랍어에
쓰이는 법용어이다. 다시말해서 이 용어는 아랍 고전 법학 책에는 나오
지 않는 말이다. 가장 오래된 것으로는 1880년 이집트에서 샤리아 법안
이 공포되었을 때 이집트 법률학자들이 '샤리아에 속한 조항(al-
mawaad dhul-shariyyah)'이라는 말로서 개인의 지위에 관한 문제를
가리키는 말로 썼다.[1]

20세기 초반에 개인의 지위(personal status)에 대한 법을 개혁하자

* 외대 강사

1) Jamal J. Nasir, *The Islamic Law of Personal Status*, (Boston: Graham &
Trotman, 1990), p.29.

는 개혁 지지론자들의 활발한 움직임에 힘입어 아랍 각국에서 많은 법령들이 공포되었고 그 중에 가장 중요한 법으로는 1920년 이집트의 법률 제25호와 1929년의 법률 제25호(혼인과 이혼), 1943년의 법률 제77호(상속법), 1946년의 법률 제71호(유언에 의한 동산 유증(遺贈)) 등을 예로 들 수 있다. 4개의 수니 법학파의 법 논리에 따라 이들 법을 입안한 자들은 현대적 필요에 맞게 이슬람식 가족법 채택을 모색하였고 남편과 부계(父系) 가족에 대한 여성의 법적 지위를 개선시키는 데 힘을 기울였다.

이상과 같이 이집트 내에서 개인의 지위의 법에 대한 논의가 20세기에 들어와서 활발히 논의되었던 것처럼 여타의 아랍 국가들에서도 개인의 지위법 논의와 법안 통과는 최근의 일임을 알 수 있다. 더구나 1996년 초에 이집트 여성들의 여권 신장을 위해 아내의 승인 없이 남편이 재차 혼인하지 못하도록 하는 법률적 소송이 이뤄지고 있음을 언론을 통해 알려지게 되었고, 이에 부응하여 아랍 무슬림 여성의 법적 지위에 대한 연구의 필요성이 시급하게 되었다. 그래서 본고는 개인의 지위에 대한 정의와 지위법이 현재 아랍 각국에서 어디까지 논의되고 있는지 그리고 아랍 각국의 다양한 법률적 해석을 살펴보고자 한다.

II. 개인의 지위

개인의 지위란 개념은 샤리아를 신앙과 인간 행동 규범으로 보았던 초기 이슬람 학자들에게는 잘 알려지지 않은 것 같다. 그들에게 인간 행동은 다시 의례와 사람들 간의 행동 규제를 위한 거래 즉 계약, 혼인, 친족 제도, 매매와 전세 등의 내용이 포함되어 있었다. 이 용어는 이집트에서 1890년대에 무함마드 카드리 파샤(Muhammad Qadri pasha)가 하나피 이론에 따라 쓴 '개인의 지위에 대한 샤리아 규정'이란 책 제목에 처음으로 등장하였다. 이라크에서는 1917년 11월 제28호 법률안에서 처음으로 쓰이게 되었고 1923년 샤리아 법령에 다시 등장하였다.

개인의 지위란 말이 처음으로 정의된 때는 다음과 같이 1934년 6월 21일 이집트 법원에서였다. "개인의 지위는 다른 사람과 구별된 특정 개인의 신체적 또는 가족 사항의 총합이다. 그래서 그의 사회 생활에서 이 법하에 법적 효력이 발생한다. 가령 남자와 여자 이혼자와 미망인, 부모와 본처 소생 등이 소수로 인하여 불완전한 법정 자격을 갖거나 저능아, 정신 착란 등으로 제한된 법정 자격을 갖는 경우, 그리고 완전한 법정 자격을 갖는 경우에 해당되는 것을 개인의 지위에 관한 법으로 정하였다."

이라크 입법학자들은 개인의 지위에 관한 정의를 삼가고 그 대신에 이와 관련된 문제들을 제한하여 다음과 같이 열거하였다.[2]

(1) 와크프(waqf)[3] : 규약들, 수익배당, 법시행, 보관인

(2) 지위: 생존자, 사자, 행방불명자, 부재자

(3) 법정 자격과 재해

(4) 약혼, 혼인, 혼인 금지 촌수, 등록과 증명서류

(5) 혼인의 권리와 의무, 과부산(망부의 유산 중에서 과부가 받는 몫), 부양

(6) 혼인의 거절

(7) 부자 관계와 친척 촌수

(8) 보호와 양육

(9) 후손과 선조 그리고 다른 친척의 부양

---

2) Ibid., p.30.

3) 무슬림 재산의 상설적인 헌금으로서 헌금을 낸 충당자의 권리는 자선이나 종교적 목적을 위해 소멸된다. 알제리와 모로코에서는 하부스(habous)라 한다.

(10) 후견인의 지위, 유언장, 사후 효력을 발생하는 법령, 상속 문제

물론 위에 언급된 많은 법 규정이 고전 샤리아법에 포함되어 있었다. 1957년 6월 26일 튀니지 대통령령은 다음과 같이 개인의 지위 문제를 열거하였다. '개인의 지위는 개인들 간의 지위에 대한 분쟁과 그들의 법정 자격, 혼인, 배우자간의 재산 처분, 배우자간의 상호 권리와 의무, 이혼, 법적 별거와 거절, 부자 관계, 부권 인정과 부인, 가족과 후손 관계, 친척 간의 부양 의무, 입양, 후견인의 임무, 보호 감독, 금치산 선고, 성년, 증여, 상속, 유언, 사후에 효력이 발생하는 법령, 부재자와 사자가 된 행방 불명자의 최초 진술 등이다.'

다수의 현대 아랍 이슬람 국가에서는 개인의 지위에 대한 여하한 법률 제정이 없었다. 대부분 아랍 걸프 국가, 사우디 아라비아, 예멘, 리비아와 수단은 전통적인 법 테두리 안에서 샤리아법이 공식적으로 적용되고 있다. 이들 국가를 제외한 아랍 국가에서는 다음과 같이 입법 과정을 거쳤다.

첫째, 레바논에서는 복잡한 교파 구조에 따라 각 교파는 자율적인 법 성격에 일치를 보여 주었다. 레바논 헌법 9항은 다음과 같이 명시하였다. "신앙의 자유는 절대적인 사항이다. 전능하신 하나님을 경외하는 국민은 모든 종교와 교리를 존중하고 공공 질서를 위반하지 않는다면 국가 보호하에 종교 의식을 행할 자유를 보증한다. 종교와 종파를 떠나 시민의 안전을 보장하고 개인의 지위법을 당연히 존중한다."

레바논 법은 3개의 주요 종교와 이들 종파를 인정한다. 이슬람 종파에는 수니파, 시아파, 자파르파, 시아 알라위파, 이스마일파, 드루즈파가 있다. 이들 종파 중에 드루즈파만이 1959년에 개정되고 1948년에 법전으로 편찬된 개인 지위 법령이 있다. 수니파와 자파르파는 1942년 11월 4일 법령 241호에서 헌법 조항으로 제정했고 111항에서 관련 법규의 적용을 명시했다. '수니 재판관은 가족의 권리법과 관련된 소송을 제외하

고 하나피파 교리의 권위있는 판례에 따라 재판한다. 자파르파 재판관은 자파르 교리와 가족 권리법의 관련 규정에 따라 재판한다."[4]

둘째, 시리아에서는 개인 지위법 규정의 개요가 1953년 9월 17일 대통령령 제59호로 공포되었다. 그리고 새로운 입법은 다음 다섯 가지 자료에 근거한다.

(1) 관습적인 가족 권리법

(2) 자국 관례에 적합하도록 수정한 이집트법

(3) 까드리 파샤의 개인의 지위 문제에 대한 샤리아 규정

(4) 하나피 학파 이외의 교리들의 판결에 대한 입법 위원회의 절충적 채택

(5) 다마스커스 재판관의 개인 지위법 초안

그래서 1959년 대통령령 제59호는 혼인, 이혼, 부자 관계, 보호, 법정 자격, 유언과 상속 등을 포함하고 있다. 대통령령은 일부 다처, 과부산, 양육, 보호, 부양과 후견인의 임무에 대해 1975년 12월 31일 법령 제34호에서 수정하였다. 수정된 이 법령은 자신의 종교 규율을 따르는 드루즈파, 기독교인 그리고 유대교 공동체들을 제외한 모든 사람들에게 적용되었다.[5]

셋째, 이라크에서는 개인의 지위와 민사 소송간에 아무런 차이 없이 샤리아법이 일반법으로 존속되고 있었다. 그러다가 오스만 제국 말기에 민법(Mejelle)[6]이 공포되고 샤리아법 특히 하나피법에 종속된 민법과 개

---

4) Jamal J. Nasir, Op.cit. p.32.

5) Ibid., p.33.

6) Magazine이라고도 하는데 1877년에 마련된 오스만 민법으로서 하나피 법학파에 근거하였다. 시리아, 이라크, 요르단의 민법으로 1950년대까지 쓰였다.

인 지위법이 따로 나눠지게 되었다. 1917년 샤리아 소송 절차 법령에서 처음으로 개인 지위 문제가 정의되어 샤리아 규율에 따라 판결하도록 했다. 그러나 1921년에 다시 수정되어 자파르파의 개인 지위 문제는 자파르 교리에 따라 판결하도록 했고 수니파의 개인 지위 소송에 대한 샤리아법원의 재판권은 하나피의 가르침이 적용되도록 했다. 1923년 자파르파의 개인 지위 문제는 새로 구성된 자파르 샤리아 법원의 재판권에 회부되어 자파르 교리가 적용되었다. 1959년 개인 지위 법령 제188호는 모든 이라크인에 대한 전 국민의 민권법(personal law)이 공포되어 여기에서 제외되는 사람은 특별 입법이 적용되는 기독교인과 유대교인이었다. 기독교인과 유대교인은 각기 특별 종교 법원이 있어 기독교인 법과 모세법 1947년 제32호에 적용받았다. 1959년 법령 제188호는 1963년 법령 제11호와 1978년 제21호에 의해 수정되었다.

넷째, 요르단에서는 1951년 요르단 가족 권리법 제92호를 폐기하고 1876년 법률 제61호가 9월 5일에 공포되었다. 기존 법률에 없는 사항은 가장 권위 있는 하나피파 견해를 참고하게 되었고 여기에는 혼인, 약혼, 혼인 계약, 과부산, 혼인 거절, 법원의 명령 취소, 잇다[7](대기 기간), 부자관계, 양육, 보호, 부양, 혈연 부양, 미아에 대한 규정, 유언 등이 포함되어 있었다. 다만 상속 규정에 대한 상세한 내용은 고전 법전을 참고하도록 하였다.

다섯째, 모로코에서는 이슬람법의 법전을 상세화하도록 왕의 칙령이 내려졌다. 개인의 지위와 계승권을 전체 내용으로 하여 개인의 지위를 다룬 6권의 책이 발행되었다. 처음 두 책은 혼인(1-43항)과 혼인의 해소

---

7) 이혼이나 사망으로 이혼한 여자나 미망인이 혼인 소멸 시부터 셈하는 기간이다. 이 기간에는 재혼할 수 없다.

(44-82항)인데 1957년 11월 왕의 칙령 1/57/343이 발령되어 1958년 1월 1일부터 그 효력이 발생되었다. 부자 관계와 그 영향 즉 보호, 양육, 아내와 친척의 부양(83-132호)을 다룬 제3권의 규정은 같은 날부터 적용되었다(칙령 제1/57/379호). 제4권은 1958년 1월에 법정 자격과 대리인(칙령 제1/58/019호)을, 제5권은 1958년 2월 20일에 173-216항에 유언(칙령 제1/58/073호)을 그리고 마지막으로 제6권은 217-297항에 계승권(칙령 제1/58/112호)을 1958년 4월 3일에 발효시켰다. 이러한 규정은 모로코 전역에서 적용되었고 이 법전에 포함되지 않은 모든 소송은 말리키 학파의 널리 알려진 의견에 따랐다.

여섯째, 튀니지에서 개인의 지위 문제는 1956년 8월 13일에 공포된 개인의 지위 Mejelle에 의해 적용되었다. 1957년 9월 27일 법령 제40호에 의해 수정되고 같은 입법에 종속되는 유대교인과 비무슬림 튀니지인들에 대한 별개의 개인 지위법은 폐기되었다. 여기에는 혼인(나중에 1964년 법령 1호로 수정), 이혼(1962년 41호, 1981년 7호에서 추가), 잇다(대기기간), 부양과 보호(1966년 제49호, 1981년 7호로 수정), 유언(1959년 77호에서 추가), 증여(1964년 17호에서 추가)를 다루었다. 그리고 1958년 3월 4일 제27호에서 후견인, 보증인, 입양을 다루었고 1959년 제69호에서 수정하였다.

일곱째, 알제리에서는 1984년 6월 9일에 가족법 제84호가 공포되어 혼인, 부양, 후견인 제도, 상속, 유언, 증여와 와크프를 다루었다. 이 법은 모든 알제리 시민과 민법의 규정하에 있는 알제리에 거주하는 모든 사람에게 적용되었다.

여덟째, 1984년 7월 7일 쿠웨이트에서 개인 지위 문제에 대한 법령 제51호가 왕세자(emir)에 의해 공포되었다. 그러나 그 전에는 쿠웨이트 법원이 개인의 지위에 관해서는 말리키 교리의 규정을 적용하였다. 새 법에는 혼인(1-212항), 유언(213-287항), 계승권(288-336항)으로 나눠 있었고 만약 이 법에 어떤 규정이 없을 때는 말리키 교리의 가장 권위 있는 의견을 따랐다. 이것은 이맘 말리키 교리를 따르는 사람이나 다른 종교나 교파의 비무슬림에게도 적용되었다. 그러나 무슬림 중에서 말리키 학파를 따르지 않는 사람은 그들이 속한 학파의 교리에 따랐다.

아홉째, 아직까지 개인의 지위에 관한 입법이 시행되지 못한 사우디 아라비아와 같은 국가에서는 한발리 학파의 교리에 의해 적용되고 있다. 예멘의 경우, 과거 북예멘은 자이디 학파의 교리에 의해 적용되었고 남예멘은 1974년 법령 제1호가 공포되어 이슬람 샤리아 규정과 일치하지 않는 혼인과 혼인의 해소 규정을 담고 있었다. 리비아는 말리키 학파의 교리가 샤리아 법원에서 적용되고 정부 당국은 지금 모든 이슬람 법리학의 교리를 절충적으로 마련하여 개인 지위법을 준비하고 있다.[8]

열 번째, 아랍 에미리트는 이슬람 샤리아에 모두 근거하여 거래, 형사상 범죄, 소송 절차, 노동, 회사와 개인의 지위에 대한 법적 규정을 입안하고 있다.[9] 개인 지위법을 초안할 때 하나피 교리가 부족할 때는 말리키 교리가 적용될 것이다. 수단에서는 사람들이 말리키 교리를 따르고 있지만 개인의 지위에 관한 문제에서는 하나피 교리가 적용된다. 그러나 샤리아 최고 재판관이 지정한 사람들은 제외되어 다른 학파의 교리를 따른다. 수단 샤리아 법원은 개인의 지위 이외의 문제는 소송 당사자가 원하면 이슬람 샤리아법에 따라 판결하는 것이 합법적이라고 말한다. 수단 누메이리 전 대통령은 행형을 포함하여 모든 문제에서 이슬람 샤리아 규

---

8) Jamal J. Nasir, Op.cit. p.36.
9) Ibid.

정을 적용하려 했다. 그러나 군부가 들어서 실권을 잡은 후에는 상황이 애매하게 되어 버렸다.

  1977년초 아랍 연맹 회원 국가들이 개인 지위법을 통일하여 법을 성문화하려는 시도가 있었다. 아랍 연맹 회원국들이 초안한 개인 지위법에는 혼인(약혼과 혼인, 혼인으로 인한 부양과 부자 관계), 혼인의 해소(이혼, 혼인 거절, 잇다, 보호), 법정 자격과 후견인, 유언, 상속 등을 큰 제목으로 하여 다루고 있다. 각국 아랍 법무부 장관들이 여러 차례 회의한 결과 모든 회원국의 통일된 개인 지위법 초안은 수니파에 근거를 두고 특히 하나피 교리를 따르기로 했으나 아직까지 법으로는 반포되지 못하고 있다.

III. 아랍 각국의 개인 지위법과 이집트

  튀니지는 별도로 하고 개인 지위 문제에 관해서 법률상의 대립이 있을 때, 개인 지위법을 갖고 있는 아랍 국가들은 법률상 대립된 문제를 민법에서 다룬다. 1957년 9월 27일에 개정된 튀니지 법령 제40호 1항에서 "외국인은 개인 지위 문제에서 그들 자국의 법 지배를 받는다"고 명시했다. 그리고 두 소송 당사자간의 분쟁을 해결하기 위해 적용할 법은 다음 제목으로 구분지었다.

  (1) 지위, 법정 자격과 혼인 조건에 해당하는 문제에서 각 당사자간의 개인 지위법
  (2) 혼인 시 남편의 권리와 배우자에 대한 의무, 배우자간의 재산 배당, 이혼, 법률적 별거 문제에 있어서의 개인 지위법
  (3) 부양 문제에 있어 지불 책임이 있는 당사자의 개인 지위법
  (4) 후견인과 교육 문제에서 성년, 미성년자 그리고 금치산자의 개인

지위법

(5) 부권의 인정과 부인, 부자 관계 수정 등 아버지의 개인 지위법

(6) 입양 문제에 있어 입양아와 입양자의 개인 지위법

(7) 입양에 영향을 끼치는 입양자의 개인 지위법

(8) 고인, 지정권 부여자, 유언자의 상속, 증여, 유언 등에서 개인 지위법

그리고 이집트, 시리아, 이라크, 요르단, 리비아와 알제리의 민법 그리고 쿠웨이트 법률 제5호(1961년)는 외국인과 관련된 것을 포함하여 튀니지와 비슷한 규정을 내 놓았다.[10]

1) 혼인의 유효성에 대한 기본적인 조건은 두 배우자간 자국의 법에 따라 결정된다(이집트 12항, 시리아 13항, 이라크 19항, 요르단 13항 1, 리비아 12항, 알제리 11항). 그러나 이라크(19항)와 요르단(13항 2)의 민법에서 두 외국인 사이 또는 외국인과 자국민 사이의 혼인은 현재 살고 있는 국가의 법에 따르면 유효하다. 쿠웨이트 법은 혼인의 유효성에 대한 실질적인 조건(즉 법정 자격, 혼인 승낙의 유효성)과 혼인 장애(혈연 관계, 연령부족 등)로부터 자유로워질 수 있는 조건을 구분지었다. 만약 거류(본적)지가 같으면 배우자들의 국가법에 따르지만 그렇지 않으면 각자의 국가법에 따른다.

2) 혼인이 결정될 때 배우자 재산권 등 혼인의 효력은 남편이 속한 나라의 법에 지배받는다(이집트 13항 1, 시리아 14항 1, 이라크 19항 2, 요르단 14항 1, 리비아 13항 1, 알제리 12항, 쿠웨이트 36항).

3) 혼인의 거절은 거절 당시 남편이 속한 국가의 법에 지배받는다. 그러나 이혼과 별거는 법적 절차를 시작한 때를 기준으로 하여 남편이 속한 나라의 법 지배를 받는다(이집트 13항 2, 시리아 14항 2. 요르단

---

10) Ibid., pp. 38-39.

14항 2, 리비아 13항 2, 알제리 12항). 이라크 법 조항 19/3은 혼인 거절, 이혼 별거는 거절 시 또는 법적 절차를 시작한 때를 기준으로 남편이 속한 나라의 법에 따른다. 쿠웨이트 법 조항 40/5/1961하에, 이혼은 혼인 기간 그리고 이혼과 별거 전, 두 배우자간에 가장 최근에 공유한 국적에 따라 지배받는다. 그렇지 않은 경우 혼인시의 남편의 국가법이 우선적으로 유효하다.

4) 위와 같은 규정에도 불구하고 두 배우자 중 하나가 자국민이면 해당 국가법만이 적용된다(이집트 15항, 시리아 16항, 이라크 19항 5, 요르단 15항, 리비아 14항, 알제리 13항, 쿠웨이트 36항).

5) 친척에 대한 부양 지불의 책임은 그런 지불을 해야 할 당사자의 국가법에 지배받는다(이집트 15항, 시리아 16항, 이라크 21항, 요르단 16항, 리비아 15항, 알제리 14항). 쿠웨이트 법 45항은 그런 친척에게는 일시적인 부양만을 요구한다.

6) 상속, 유언과 사후에 효력이 발생하는 재산 처분은 고인 또는 유언장 작성자 또는 사후에 재산을 처분할 사람의 국가법에 따른다. (이집트 17항 1, 시리아 18항 1, 요르단 18항 1, 리비아 17항 1, 알제리 16항). 이와 관련된 쿠웨이트 법령 47항과 48항에 의하면 사망 후에 효력을 발생하는 재산 처분권은 사망 사고가 일어난 나라의 법 또는 처분시 재산 처분자의 법에 따른다.

7) 법정 자격과 지위에 대해서는 위에 언급한 아랍 국가들의 법률들이 일치를 보이고 있다. 다시 말해서 예외없이 당사자의 국적에 해당하는 나라의 법 지배를 받는다는 것이다(이집트 11항 1, 시리아 12항 1, 이라크 18항 1, 요르단 12항 1, 리비아 11항 1, 알제리 10항, 쿠웨이트 36항).

8) 샤리아법하에서 약혼은 두 당사자간의 구속받는 계약이 아니다. 혼인에 대한 약속일 뿐이다. 이런 태도는 약혼을 개인의 지위법으로 간주하는 쿠웨이트를 제외하고 모든 아랍 국가에서 채택되고 있다.[11] 앞에

서 아랍 각국의 개인 지위법의 대강을 살펴보았다. 다음에서 이집트의 개인 지위법(1985년 법률 제100호)을 통해 이집트 무슬림 여성의 지위를 자세히 고찰하고자 한다.

1. 이집트의 개인 지위법 (1985년 법률 제100호)

1920년 이집트의 법률 제25호와 1929년의 법률 제25호(혼인과 이혼), 1943년의 법률 제77호(상속법), 1946년의 법률 제71호(유언에 의한 동산 유증(遺贈))가 공포되었다. 4개의 수니 법학파의 법 논리에 따라 이들 법을 입안한 자들은 현대적 필요에 맞게 이슬람식 가족법 채택을 모색하였고 남편과 부계(父系) 가족에 대한 여성의 법적 지위를 개선시키는데 힘을 기울였다.

그러나 1952년 이집트에서 자유 장교단 정권이 집권하면서 법 개혁에 대한 기세에 쐐기를 박았다. 이런 방해로 인해 이슬람식 가족법에 대한 추가적인 변화는 이뤄지지 못했는데, 이는 1971년 안와르 사다트 대통령이 집권할 때까지 거의 결실을 맺지 못했던 것이다. 사다트에게 권력이 승계되면서 이 논의는 다시 이뤄지게 되었고 처음에는 별다른 결실은 없었지만 여러 차례 법률안 상정이 이뤄졌고 초안이 의회의 법사위원회에서 논의되었다. 물론 아무것도 통과되지 못했다. 1979년 사다트 대통령은 정치과정을 가속화시켜 긴급 비상령을 발령하고 새 의회는 법안을 통과시켰다. 1979년 법률 제44호는 개인의 지위법(personal status law)을 수정하였다. 이 법률은 반세기 동안 계속되어 온 이집트 여권 신장론자들의 요구를 수용하였던 것이다. 이 새 법은 그 내용에 있어서나 이 법률안 승인을 얻는 데 있어서 논쟁의 불씨를 안게 되었다. 대통령의 영부인 지한 사다트의 공적을 치하하기도 하고 이 법을 통과한 것에 비

---

11) Ibid., p.40.

난을 퍼붓기도 했다. 그래서 이집트인들은 이 법을 '지한법'(Jihan's law)이라 부른다. 비평가들은 이집트 의회가 선택할 여지가 없었고 단지 대통령령에 인준을 보냈을 뿐이라고 한다. 그러나 1980년 판례 29호(개인의 지위)와 개인의 후견인의 직무에 대한 약식 재판에서는 사건 심의를 중단하고 1979년 법률 제44호 시행 여부를 결정해 달라고 헌법 소원에 이첩해 버렸다. 이처럼 헌법에 의한 법원의 결정을 요청한 후에는 이집트 판사들은 법률 제44호의 시행을 중지해 버렸다. 이제 이집트의 개인 지위법(1985년 법률 제100호)을 살펴 보자.

(1) 1항: 1929년 법률 제25호에서 개인 지위법은 다음 조항(5b, 11b(2), 18b, 18b(2), 18b(3), 23b)이 보완되었다.[12]

이혼할 남편은 이혼 발생 30일 내에 공증인의 공증을 받은 이혼 서류를 문서화해야 한다. 아내는 공증받는 자리에 입회하여야 하고 만약 입회하지 않을 시에는 공증인이 법원 정리(廷吏)를 통해 이혼 발생 사실을 통지해야 한다. 공증인은 이혼 서류 사본을 아내나 그녀의 대리인에게 보내야 한다. 이혼은 이런 공증이 이뤄진 날로부터 효력이 발생하고 상속과 다른 재산권은 아내가 알게 된 날로부터 효력이 발생한다(5b).

남편은 혼인 증명서에 자신의 사회적 지위를 명시하도록 요구받는다. 그가 혼인한 경우에는 그의 부권(夫權, isma)하에 있는 아내(들)의 이름과 그들의 거주지를 명시해야 한다. 공증인은 그들에게 새로운 혼인 사실을 등기로 통지해야 한다. 두 번째 아내를 맞는 남편의 첫 아내는 부부로서 부부 동거를 계속하지 못하여 육체적, 정신적인 침해를 가져올 때, 또는 남자가 더 이상 아내를 받아들이지 않는다는 사실을 혼인 계약

---

12) Dawoud S. El Alami, Law No. 100 of 1985 Amending Certain Provisions of Egypt's Personal Status Laws, edited by Baber Johansen, *Islamic Law and Society*, Leiden : E. J. Brill, 1994, pp.118-130.

서에 명문화하지 못했다 할지라도 이런 경우에 이혼을 요구할 수 있다. 재판관이 화해를 이끌지 못했을 때 남편은 그 여자와의 이혼을 허락해야 한다. 이런 경우 취소할 수 없는 사법적 이혼(talaq Ba'ina)이 된다. 이런 사법적 이혼을 요구할 수 있는 아내의 권리는 다른 여자와의 혼인 사실을 알고 난 뒤로부터 1년이 지나면 권리가 소멸된다. 그리고 사법적 이혼을 요구할 권리는 남편이 또 다른 여성과 혼인을 하고자 할 때마다 갱신된다. 만약 새로 혼인한 여성이 다른 여성과 혼인한 사실을 몰랐을 경우 이때에도 사법적 이혼을 요구할 권리를 갖는다(11항b).

아내의 의사와 상관없이 이혼을 하려는 남편은 아내의 대기 기간(잇다)동안 이혼을 원하는 남편의 지위 즉 빈부 정도나 이혼 상황과 혼인 기간 등을 고려하여 아내는 보상을 받을 권리가 있다. 이혼하려는 남편은 이때 할부로 보상금을 지불할 수 있다(18항 B).

미성년자가 재산이 없을 때 그의 아버지는 부양할 책임이 있다. 아버지는 딸이 혼인할 때까지 또는 혼자 힘으로 살아갈 수 있을 때까지 그리고 아들은 적절한 소득을 벌 수 있는 15세가 이를 때까지 자녀 부양의 책임을 계속해야 한다. 만약 그가 15세가 이르렀는데도 육체와 정신의 허약하여 혼자 힘으로 돈을 벌 수 없고, 학업을 계속하고 있어 소득을 가질 수 없을 때 아버지는 계속 부양할 책임이 있다. 자녀에 대한 아버지의 부양이 거절된 날로부터 아버지에게 법적 책임을 묻게 된다(18b(2)).

이혼하려는 남편은 이혼 당한 아내의 미성년자 자녀와 보호받아야 할 여성에게 적절히 독립된 숙박 시설을 제공해야 한다. 대기 기간 동안 그렇게 하지 않으면 보호(hadana)기간 동안은 이혼하려는 남편 없이도 부부가 동거했던 집에서 계속 살게 된다. 보호 기간이 끝나면 이혼하려는 남편은 이전의 부부가 거처했던 집으로 자녀와 함께 돌아갈 권리가 있고 그것을 소유할 권리를 갖는다(18b(3)).

이혼하려는 남편이 이 법의 5항 b의 규정을 위반할 시에는 6개월이 초과되지 않는 기간 동안 구금에 처하거나 200파운드를 넘지 않는 벌금형에 처한다. 그리고 구금형과 벌금형을 함께 받을 수도 있다. 마찬가지로 11항b에 언급된 대로 그의 아내(들) 또는 이혼한 아내의 거주지나 그의 사회적 지위를 공증인 앞에서 거짓 기재하였을 때 똑같은 처벌을 받는다. 공증인 또한 이 법에 명시된 의무를 다하지 못했을 때 한달이 넘지 않는 구금기간과 50파운드를 넘지 않는 벌금을 물어야 한다(23b).

(2) 2항 : 1920년 법률 제25호 1항은 부양의 규정과 개인 지위의 문제에 관한 것인데 다음 규정으로 대신한다.[13]

아내에 대한 부양은 그녀가 복종한다는 조건하에 혼인 계약이 유효한 날로부터 남편의 의무 사항이다. 아내가 부자이거나 다른 종교를 가졌다 할지라도 법적인 책임을 남편이 진다. 아내가 아프다고 그녀가 갖는 부양의 권리를 빼앗을 수 없다. 부양은 음식, 의복, 숙박 시설, 의료 처치 비용 그리고 샤리아에 규정된 모든 것을 포함한다. 만약 아내가 배교자이거나 적법한 이유없이 남편에게 복종하지 않았을 경우 아내를 부양할 필요가 없다. 이때 남편에게는 잘못이 없다. 아내가 남편의 허락 없이 부부 동거의 집을 떠난 것은 샤리아의 규정이 허용하는 한 부양을 박탈당할 근거로 간주되지 않는다. 아내에 대한 부양은 부양 제공을 거절한 날로부터 남편이 지불해야 할 빚으로 간주한다. 남편이 아내의 부양에 대해 지불해야 할 빚을 공제해 달라는 남편의 주장을 법원은 기각한다. 부양의 빚은 남편의 모든 재산 중에서 선취권을 갖는다(1항).

(3) 3항 : 1929년 법률 제25호의 7, 8, 9, 10, 11, 16항의 개인 지위

---

13) Ibid., p.124.

법이 교체되었다.

여성의 보호권은 미성년 아들이 10살이 되고 딸이 12살에 이르면 만료된다. 각각의 이런 연령에 이른 후에 판사는 아들에게는 15살까지, 딸에게는 결혼할 때까지 보호금없이 여성의 보호를 받도록 허용할 수 있다. 양쪽 부모는 미성년자 아들과 딸을 방문할 권리를 갖는다. 부모가 없을 경우 할아버지와 할머니가 방문할 권리를 갖는다. 미성년자에 대한 보호권은 어머니에게 있다. 어머니 다음으로 혼인이 금지되는 촌수 안의 여성들 중에서 그리고 다음 순서와 같이 아버지와 어머니 양측에 가장 가까운 사람부터 해당된다. 즉, 어머니, 외할머니와 아무리 높아지더라도 외조모들, 친할머니와 아무리 높아지더라도 외조모들, 부모가 같은 자매, 동모 이부의 자매, 친족 자매, 부모가 같은 자매의 딸, 동모 이부 자매의 딸, 자매들의 서열 순에 따른 외숙모, 친족 자매의 딸, 앞에 언급한 서열대로 형제의 딸, 앞에 언급한 서열대로 숙모, 앞에 언급한 서열대로 외숙모, 앞에 언급한 서열대로 어머니의 친가 아주머니, 앞에 언급한 서열대로 아버지의 친가 아주머니 순이다(20항).[14]

만약 여성 보호자를 이들 여성 중에서 찾을 수 없을 때 또는 그들 중 아무도 보호 자격이 없을 때 또는 여성 보호자의 보호 기간이 만료되었을 때 보호권은 상속 권리의 순에 따라 부계의 남성 친족(' usba)에게로 돌아간다. 이때 형제들보다 친할아버지에게 우선권이 있다. 이들도 없을 때는 미성년자 아이에게 금지된 촌수안에 있는 사람 중에서 다음과 같은 순서로 부계가 아닌 남성 친족에게 돌아간다. 즉, 외할아버지, 동모 이부의 형제, 동모 이부 형제의 아들, 친삼촌, 어머니의 형제인 외삼촌, 어머니 친족 형제인 외삼촌, 어머니의 동모 이부 형제인 외삼촌 순이다 (20항).

---

14) Ibid., p.128.

이상과 같이 이집트 법률 제100호(1985)가 개인 지위법의 중요 부분을 갱신하고 수정하려 했으나 급진적인 개혁이 예상되는 부분에서는 큰 변화가 없었다. 사실 남편에게 공동 아내(co-wife)를 얻도록 허용한 것을 볼 때 아내의 권리 측면에서는 퇴보한 법률이다. 100호 법률의 어느 항목도 샤리아의 원천적인 근간(원전)이 되었던 수니의 4법학파의 견해를 뛰어넘지 못했다.

세이크 유수프 알 꾸르다위(Shaykh Yusuf al-Qurdawi)는 이즈티하드[15]를 혁신적인(insha'i) 이즈티하드와 선택적인(intiqa'i) 이즈티하드로 나누었다. 혁신적인 이즈티하드를 통해 법률학자는 새로운 필요를 충족시키기 위해 원전에서 새로운 원리들을 끌어내려고 모색한다. 영원히 유효한 명령을 담고 있는 원전이지만 과거 무슬림 법률학자들이 했던 것처럼 그 시대 상황에 맞게 해석해야 하는 영역이 남아 있다는 것이다. 이런 이즈티하드를 옹호하는 법학자들은 선배 학자들에게 알려지지 않았던 현대적인 쟁점은 새롭게 해석해야 할 영역이라고 주장한다. 그러나 선택적인 이즈티하드를 통해 법률학자들은 네 개의 수니학파[16] (더 바람직한 것이 있으면 다른 학파도 가능)에 맞는 가장 적절한 견해를 모색하

---

15) 이즈티하드는 법률적 그리고 신학적인 문제에 대하여 독립되고 공인되는 견해를 말한다. 이런 견해를 주는 이슬람 사상가를 무즈타히드라 한다

16) 이슬람법학파에는 수니파(하나피학파, 말리키학파, 샤피이학파, 한발리학파)와 시아파(자이디학파, 이맘파(12이맘파), 이스마일파) 그리고 카리지파(이바디학파)와 자히리파(자히리학파)가 있다. 하나피학파는 아부 하니파(767죽음)가 창설하였는데 그는 꾸란, 수나, 이즈마아, 키야스 이외에 법률 규정의 우선권(istihsan : 유추의 분명한 형태보다는 규정에 우선권을 둠)이라 불리는 법률적 접근을 발전시켰다. 하나피의 추종자는 이슬람 전 세계에 퍼져 있으며 압바시야조와 오스만 제국의 공식 통로였다. 말리키학파는 말리크(795 죽음)가 창설하여 그에게 이즈마아와 끼야스는 원칙상 메디나(히자즈로서 현재 사우디 아라비아) 거주자에게만 조회되었다. 법률적 우선권을 최소화하고 공공 이익을 고려하는 것을 도입했다. 말리키학파는 이집트, 히자즈, 북아프리카, 아랍인이 지배하던 스페인 그리고 지금은 서아프리카와 서부 수단에 퍼져 있다. 샤피이학파는 샤피이(820 죽음)가 창설하였는데 그는 말리크의 제자로서 아부 하니파와 그의 제자들의 법 개념을 공부했다. 그에게 이즈마아는 전 공동체의 합의를 의미한다.

여 새로운 상황에 적용하고자 한다. 이런 접근을 지지하는 학자들은 자구적 해석, 함축적인 의미 끌어내기, 하디스(무함마드 언행록)의 해석, 수반되는 결과에 근거한 견해 등을 포함하여 이처럼 선택할만한 법률적 견해가 많다. 이같이 다양하고 폭넓은 선택권은 판결에 합리적인 선택을 하게 한다는 것이다. 이븐 알 까이임(ibn al-Qayyim)은 정의, 동정과

추종자는 이슬람 세계의 많은 지역에 퍼져 있는데 이집트, 이라크, 시리아, 동아프리카, 수단과 아시아의 여러 지역이다. 한발리학파는 아흐마드 이븐 한발(855 죽음)이 창설했고 법률 규정의 우선권을 지지하고 꾸란과 순나를 엄격히 고수한다. 이즈마아와 끼야스는 좁은 여백만을 허용하였고 강한 끼야스보다는 약한 하디스를 우선하여 다른 학파보다 엄격하다는 평을 받는다. 그래서 다른 수니 학파보다는 수효가 적으나 비슷한 정도로 분포되어 있다.

시아의 자이디학파는 후세인의 손자인 자이드 이븐 알리(700죽음)가 창설하였는데 순니에 매우 가까워 수니와 시아의 다리로 간주된다. 가장 많은 공동체는 북예멘의 북동지역에 살고 이란의 카스피해 연안에 사는 무리가 있다. 이맘파(자파르파)는 후세인의 증손자인 자파르 알 사디끄(765 죽음)가 창설하였는데 열두 이맘파라고도 불린다. 시아 공동체 중에 가장 많은 수가 여기에 속하는데 이란, 이라크, 시리아, 남부 레바논, 바레인, 쿠웨이트, 파키스탄, 아프가니스탄, 인도 그리고 아시아와 아프리카의 일부 지역이다. 이스마일학파는 이스마일 이븐 자파르 알 사디끄(8세기)가 창설하였는데 일곱 이맘파라고 불린다. 이스마일은 역사적 정치적 영향을 남겨 여러 국가를 세웠다. 압둘라 븐 알 마흐디가 북아프리카에 아비디조를 세웠고 그의 후손 알 무잇즈 리디닐라 알 파티마는 이집트에 파티마 왕조를 세웠다. 그는 카이로 시흐 건설하고 알 아즈하르(알리의 아내이고 무함아드의 외동딸 파티마를 '알 자흐라'라 한데서 온말) 모스크를 969년에 세웠다. 이집트에 시아가 200년간 통치했음에도 이집트에는 현재 수니만 남아 있다. 알 아즈하르는 이제 정통 이슬람 주로 수니의 본거지가 되었다. 1817년 페르시아의 샤가 이스마일에게 아가칸이라는 칭호를 붙여 주었다. 이들의 추종자는 이란, 파키스탄, 인도는 물론 잔지바르와 탄자니아에 있다.

자히라학파는 다우드 이븐 칼라프(883 죽음)가 창설하였는데 그는 처음에 샤피이의 추종자로 시작하다가 법원으로서 키야스의 사용을 승인하지 않았다. 그는 쿠란과 수나의 본문 글자 그대로룰 우선하였다. 자히르라는 말은 본문의 자구적인 의미를 말한다. 아주 적은 추종자가 있다. 이바디학파는 압둘라 이븐 이바드(708 죽음)가 창설하였는데 카리지파가 점차 군사적인 성격이 지워지면서 발전한 학파이다. 꾸란, 수나와 첫 두 칼리파 아부 바크르와 우마르 그리고 이슬람 공동체의 합의에서 교리를 도출한다. 동양학자는 이바디학파라 하고 아랍 무슬림은 아바디학파라고 한다. 현재는 소수 학파로서 오만, 남부 알제리, 리비아와 탄자니아에 분포되어 있다.(Abdel Rahim Omran, *Family Planning in the Legacy of Islam* (London: Routledge, 1994), pp. 150~152).

지혜가 샤리아의 정수라고 말하고 새로운 입법을 할때는 이것이 먼저 고려되어야 한다고 하였다.[17] 이집트 입법부는 선택적인 이즈티하드를 택했다. 헌법과 입법 문제를 포함한 공동 위원회 보고서에는 "이집트 입법부는 이슬람 샤리아법의 원리와 그 규정을 토대로 하고 개인의 지위와 관련된 문제들을 규제한 오래전에 도입된 증거를 포함하여, 단 하나의 학파에 구속됨이 없이 여러 다른 법률 학파와 이즈티하드에서 끌어낸다."고 하였다.

---

17) Op.cit, p.130.

IV. 이슬람법하의 비무슬림의 지위

이슬람법(샤리아)과 현대 아랍 이슬람법 하에서 여성의 법적 권리와 책임을 살펴보고자 한다. 당연히 샤리아의 원칙들은 모든 무슬림 국가에서 본질적으로 같다고 무슬림들은 말한다. 천일야화에 표현된 이슬람 여성은 오랫동안 확대된 '하렘(harem)'의 일원으로 생각하기도 했다. 그리고 이슬람 여성의 삶에 얽힌 낭만적인 신화는 사실과 다를 수 있었다. 사실, 하렘은 지성소라는 뜻의 아랍어 '하람(haram)'에서 온 말이다.

이슬람에는 성직자가 없다. 기독교에서는 성직자가 남성뿐만 아니라 최근에는 여성도 성직자에 포함되고 있다. 이슬람에서는 종교학자들이 독점적으로 남자만 되는 것은 아니다. 이슬람사에 보면 유명한 무슬림 신비주의자, 성인, 종교학자 중에 여성도 있었다. 이슬람에서의 종교학자는 기독교의 성직자에 가깝다. 무슬림들은 여성이 남성보다 힘이 없고 남성에 종속된 존재가 아니라고 말하면서 제2대 칼리파 우마르는 이슬람법에 대해 여성과 논쟁이 벌어졌을 때 여성에게 졌다고 말한다. 다음에서 이슬람법 하의 비무슬림의 지위를 살펴보자.

(1) 혼인

이슬람에서 혼인은 민간 계약(civil contract)이고 기독교의 혼인 개념인 성사(聖事)의 뜻은 없다. 이슬람에서 혼인에 적용되는 법정 자격은 반드시 민법의 법정 자격과 동일하지 않다. 가령 튀니지법은 20세 이하의 남자와 17세 이하의 여자 사이에 법원의 특별한 허용없이는 혼인 계약이 성립될 수 없다고 규정한다. 그러나 민법의 법정 자격 즉 성년의 나이는 둘 다 20세이다. 법정 나이 이하의 혼인은 보호자의 승인을 얻어야 한다. 이집트에서 성년(그레고리안 달력으로 21세)에 이른 자는 그들의 민사상의 권리를 행사할 수 있는 법정 자격을 갖는다.

레바논에서는 수니파, 시아파, 드루즈파마다 각각 다르다. 수니파는 남성의 혼인을 위한 법정 나이가 18세이고 여성은 17세이다. 자파르 교리는 당사자들이 사춘기에 이르렀는지 증명되어야 하고 남자는 15세 이하, 여자는 9세 이하일 때 혼인이 허락되지 않는다. 드루즈파의 규정에는 신랑의 혼인 법정 나이는 18세이고 신부는 17세이다. 그리고 남자는 16세 이하, 여자가 15세 이하이면 혼인이 금지된다. 모로코법은 남자는 18세, 여자는 15세가 되어야 혼인할 법정 연령에 이른다. 요르단법은 신랑은 16세에 달하고 신부는 15세에 이르러야 한다고 규정하고 성년의 나이는 그레고리안 달력으로 18세이다. 시리아는 혼인의 선결 조건으로 사춘기에 들어서야 한다고 규정하고 남자는 18세, 여자는 17세이다. 그리고 성년의 나이는 18세이다. 이라크법은 성년의 나이인 18세를 혼인할 수 있는 법정 연령이라고 말한다. 쿠웨이트법은 혼인의 법정 연령 조건으로 건전한 정신과 사춘기라고 규정한다.

이상에서 시리아, 요르단, 모로코의 법에서는 두 배우자 간의 연령차를 규정해 놓았고 전체적으로 아내가 될 최소한의 연령은 15세이다. 그러나 실제로는 많은 속임수가 있는 게 사실이다. 아직도 시골과 베드윈 지역에서는 실제 나이보다 더 많은 것으로 당국에 신부가 될 사람의 나이를 신고한다.[18] 나이 이외에 건전한 정신이 법정 요건이 되는 경우가 있다. 그러나 법원은 건전한 정신을 소유하지 못한 사람이나 저능아도 혼인이 환자의 회복에 도움이 된다는 의사의 보고가 있으면 혼인을 허락한다. 샤리아법하에서 혼인 계약은 두 배우자 중 하나가 건전한 정신을 소유하지 못한 자, 저능아, 분별없는 미성년자인 경우에는 무효가 된다.

아마도 아랍의 혼인 문제에서 우리에게 가장 많이 알려진 것은 일부다처이다. 샤리아법하에서는 수니파나 시아파 모두에게 무슬림 남성은 동시에 4명의 아내까지 둘 수 있다. 이것은 꾸란과 하디스 그리고 합의 세

---

18) James J. Nasir, *The Status of Women Under Islamic Law* (London: Graham & Trotman, 1992). p.9.

가지 법원(法源)에 따른 것이다. 이런 법규는 시리아, 요르단, 이라크, 모로코, 쿠웨이트의 법에서 엄격히 지켜지고 있다. 튀니지법에서 일부다처는 금지되고 이전 혼인이 해소되기 전에 혼인한 남자는 1년간 감옥형 또는 벌금을 물어야 한다. 물론 이때의 새로운 혼인은 불법이다. 일부다처는 레바논과 시리아의 드루즈파에게 금지된다. 일부다처에 대한 논쟁은 이집트와 중동이 유럽에 개방되면서 20세기 초에 시작되었다. 그러나 일부일처로 만족하지 않으면 일부다처를 좋아하는 것 같다. 이라크에서 한 명 이상의 여성과 혼인하고 싶을 때는 재판관의 허용에 의해서만 가능하다. 재판관의 허락에는 두 가지 조건 즉 남편이 한 명 이상의 아내를 부양할 수 있고 둘째는 합법적인 이해 관계가 성립되어야 한다.

시리아법은 덜 까다롭지만 똑같은 과정을 거친다. 재정적 능력과 적법한 변명이 없으면 재판관은 혼인한 남자에게 또 다른 아내를 취하는 것을 금한다. 요르단에는 일부다처를 분명하게 제한하지는 않지만 아내로 하여금 혼인 계약서에 남편이 또 다른 아내를 받아들이지 않도록 계약서에 명시하는 것을 허용하고 이런 조건이 존중되지 않으면 이혼 소송할 권리를 아내에게 준다. 모로코 법에서도 똑같은 내용이 반복되는데 아내들 사이에 불공정이 염려되면 일부다처를 금하는 규정을 두고 있다. 남편이 이미 결혼한 사람이라는 것을 모르고 결혼하는 두 번째 아내와의 혼인은 허락되지 않는다. 이집트 법에서도 똑같은 경향을 따르는데 남편은 혼인 서류에 사회적 지위를 명시하고 결혼 생활 중에 함께 살 아내의 명단도 명시되어야 한다.[19]

꾸란에서는 혼인 대상을 제한한다. "너희들에게는 너희들 어머니와 딸, 자매, 고모, 이모, 조카딸, 유모, 젖자매, 장모, 너희들이 동침한 부인에게서 낳은 너희 보호하에 있는 의붓딸, 친아들의 며느리는 금하며

---

19) Ibid., p.25.

두 자매를 동시에 부인으로 맞아들이는 것도 금지한다(4:23)." 이렇게 금지된 사람들은 다음 두 가지로 나뉜다. 첫째, 어머니는 아버지와 어머니의 선조가 되는 모든 여성들을 일컫고 둘째, 딸은 외손녀, 친손녀까지 다시 말해서 아무리 멀든 간에 모든 여성의 후손을 가리킨다.

꾸란에서 결혼을 금지시키는 또 다른 예는 쉬르크(Shirk : 알라와 다른 신을 연합시키는 것)에서 찾아볼 수 있다. "그들이 믿을 때까지 우상 숭배자와 혼인하지 마라(수라 2:221)." 그러나 성서의 백성에 속하는 여자들과의 혼인은 가능했다. "믿는 여자들과 너희 이전에 계시를 받은 사람들의 여자의 정절은 너희에게 합당하다(수라 5:5)." 이처럼 우상숭배하는 남자나 여자와의 혼인은 엄격하게 금지하는 반면 계시 종교를 믿는 여자와의 혼인은 허락하였다. 즉 기독교인, 유대교인, 불교도, 힌두교도들이 허락되었다. 그러나 이슬람법학은 성서의 백성 즉 유대교인과 기독교 여자와의 혼인만을 합법이라고 말하고 사이비교도 여자들과 혼인하는 것도 허용했다.

무슬림 남자와 성서의 백성에 속하는 비무슬림 여자와의 혼인을 명백하게 언급한 반면 무슬림 여자와 비무슬림 남자와의 혼인이 합법인지 불법인지 아무런 언급이 없다. 어쨌든 꾸란이 남자에 대해서만 언급하고 여자에 대해서 언급이 없다는 것은 무슬림 여자와 비무슬림 남자와의 혼인이 허락되지 않는다는 것이라고 무슬림은 말한다. 이처럼 샤리아법은 종교가 다를 때 남녀간의 혼인을 구별지었다. 수니와 시아파의 법학자들은 다음 꾸란의 두 구절에 근거하여 무슬림 여성이 비무슬림과 혼인할 수 없다는 데 전원 일치를 보인다. "혼인할 너의 딸들을 다시는 숭배자에게 그들이 믿음을 가질 때까지 주지 마라(수라 2:221)." "믿는 자여! 일시적으로 믿음을 가진 여성들이 너희에게 올 때 그들을 시험하라. 알라는 그들의 믿음을 가장 잘 알고 있다. 그들이 참된 신자라면 그들을 불신자들(Kuffaar)에게 되돌려 보내지 말라. 그들은 불신자들에게 적법하지 않고 불신자들은 그들에게 적법하지 않다(수라 60:10)."

시아파에도 공유된 이런 보편적인 금지사항은 시리아, 요르단, 이라크, 모로코, 쿠웨이트의 현대법 속에서 구체화되었다. 무슬림 여성이 비무슬림 남성과의 혼인은 신방에 들어갔건 안 들어갔건 무조건 피해야 한다.[20] 무슬림 남자에게는 성서를 가지지 않는 여성(Non-Kitaabi) 즉 성서와 예언자들을 믿지 않는 여성으로 무신론자, 우상 숭배자, 태양, 별 숭배자와의 혼인은 금한다. 별 숭배자 즉 조로아스터교 여성은 시아파에 따르면 무슬림 남자와 혼인할 수 있다. 유대교인과 기독교인을 의미하는 "성서 백성"과 동등한 사람으로 간주한다. 그러나 수니파는 조로아스터교인을 혼인이 금지되는 불신자에 포함시킨다. 이 규정은 꾸란 구절에 근거한다. "그들이 믿을 때까지 믿음이 없는 여성 우상숭배자와 혼인하지 말라(수라 2:221)." 무슬림 남자가 성서의 백성과 혼인할 수 있는 근거는 꾸란에 있다. "오늘날 너희에게 좋은 것들이 허용되었으니 성서의 백성의 음식이 허용되고 너희 음식도 그들에게 허용되었다. 믿음을 가진 정숙한 여인과 성서의 백성 중의 정숙한 여인과 혼인하는 것도 허용되었다(수라 5:6)."

이집트 법무부는 남편이 한 명 이상의 아내와 혼인하거나 아내와 이혼할 수 있도록 하였고 성서의 백성에 속하는 아내가 낳은 자녀는 아버지처럼 무슬림이고 만약 부부가 종교가 다르면 재산 상속은 이뤄지지 않는다[21]고 하였다. 샤리아법은 무슬림 여성이 비무슬림과 혼인하는 것은 무효라고 말한다. 거기에다가 적법한 조건에 합당하지 않는 혼인도 무효라는 것이다. 요르단 법학자들은 혼인이 무효가 되는 다음 세 가지 사례를 열거하였다.

①무슬림 여성의 비무슬림과의 혼인

---

20) Ibid., p.28.
21) Ibid., p.29.

②무슬림 남성과 성서를 갖지 않는 백성(Non-Kitaabi)과의 혼인

③남성이 금지된 촌수 안(친척관계, 동족관계, 양육관계)의 여성과의 혼인

(2) 부양

부양은 일정한 조건에 따라 적법한 혼인 계약 하에 갖는 아내의 법적 권리이다. 여기서 아내의 권리라 함은 남편이 비용을 지불하는 것을 말하고 남편의 수입에 맞게 음식, 의복, 주택, 화장 도구, 의약, 의료비, 목욕 그리고 필요한 때 하녀를 제공한다. 현대의 모든 아랍법은 약간의 가감은 있지만 샤리아의 일반 규정을 얼마간 되풀이한다. 이라크, 요르단, 시리아, 쿠웨이트, 알제리에서는 부양 내용으로 음식, 의복, 주택 그리고 쾌적한 문화시설, 관례에 따른 의료비와 하녀들을 포함한다. 부양은 다음과 같은 경우에 아내에게 당연히 주어져야 한다.

①합법적인 혼인 계약하에서

②법률이 인정하는 모든 시간에 남편이 아내에게 자유롭게 접근할 수 있도록 남편에게 권한을 주는 경우

③혼인 기간에 남편의 합법적인 명령에 순종할 때

샤리아 규정은 이집트, 요르단, 이라크, 쿠웨이트와 시리아의 현대법으로 법령화되었다. 아내의 부양은 그들이 다른 종교를 가졌다 할지라도 적법한 혼인 계약 날짜로부터 남편의 책임이 된다. 물론 남편의 책임이 되려면 아내가 남편에게 복종하고 남편의 주거 이동 요구가 없으면 가정에 머물러야 한다는 조건이 뒤따른다.[22]

그러나 남편의 희망대로 행하지 않는 아내의 행동은 불순종(나시자)을 의미한다. 샤리아를 따르는 요르단과 시리아법에 정의된 법률적 용어 '나시자(Nashiza)'는 법률이 인정하는 적법한 이유없이 부부의 가정을

---

22) Ibid., p.61.

떠난 아내 그리고 남편에게 그녀가 사는 가정에 접근하지 못하게 하는 경우이다. 시아파는 불순종의 또 다른 사례를 덧붙였는데 아내가 남편과 살고 있는 동안 남편에게 부부의 권리를 부인하는 아내를 포함시켰다. 시아는 또 재판관이나 남편의 지시 없이 돈을 꾼 아내도 '나시자'로 간주했다.[23]

따라서 시리아, 요르단, 이집트법에 따르면 아내가 계속 불순종하고 있는 한 나시자는 부양의 권리를 잃는다. 아내는 안전성이 보장되면 남편이 원하는 곳으로 남편과 함께 여행해야 할 의무가 있다. 요르단법에서는 그렇지 않은 경우 아내는 부양의 권리를 잃는다. 또 아내가 남편을 동반하지 않고—그녀 혼자이건 금지된 촌수간의 친척을 동반하건—여행하면 떨어져 있는 동안 아내에 대한 부양권은 중지된다. 아내가 종교를 바꾸면 그녀에 대한 부양권은 잃게 된다고 이집트법은 규정한다.[24] 이 법 규정은 샤리아의 배교는 혼인 계약을 무효화시킨다는 법에 따른 것이다. 아내의 배교와 이와 관련된 아내에 대한 부양권은 이혼 후의 부양권이라는 맥락에서 하나피파와 시아파에게 다뤄지고 있다.

이밖에 취소할 수 없는 이혼을 한 아내는 배교로 인해 감금된 경우를 제외하고는 잇다 기간 동안 부양권을 잃지 않는다고 하나피파는 말한다. 그러나 배교한 아내가 취소할 수 있는 이혼을 한 경우에는 부양권을 잃는다. 이와 똑같은 경우에 시아파는 부양권을 허용하고 취소할 수 없는 이혼을 했으면 부양권을 허용하지 않는다. 이때 아내가 이슬람을 다시 받아들이면 시아파는 부양권이 회복되지만 하나피법은 부양권이 회복되지 않는다.[25]

이처럼 하나피법과 시아의 법은 서로 모순이 되고 있다.

---

23) Ibid., p.63.

24) Ibid., p.65.

25) 공일주, 『아랍 문화의 이해』(서울: 대한 교과서 1996), pp.328~330.

(3) 혼인의 해소

이혼에 대한 아랍어 낱말은 탈라끄(Ṭalaaq)인데 그것은 글자 그대로 '매듭의 풀기' 또는 '매듭을 짓지 않음'의 뜻한다. 이슬람법 용어에서의 탈라끄가 부인에 의해 요구될 때는 쿨으(khul : 글자 그대로의 의미는 어느 것을 '벗음'이나 '버림')라 부른다. 꾸란과 하디스 둘 다, 이혼이 허용되었을지라도 그 권리는 예외적인 상황하에서만 행사된다고 하였다.

꾸란은 남편이 이혼을 선언할 수 있다고 하지만 이 권리를 행사할 때는 제한이 있다. "그리고 만약 너희가 둘 사이에 헤어짐이 염려되면 남자측 집안에서 한 사람의 중재자와 여자측 집안에서 중재자 한 사람을 지정하라. 만약 그들이 합의를 원하면 알라는 그들 사이를 화합하게 해줄 것이고(수라 4:35)", "그리고 만약 그들이 별거하게 되면 알라는 풍요로우시므로 그들에게 부족한 것을 채워주나니(수라 4:130)." 남편과 아내 사이에 결국 헤어질 것이 염려되면 양가 중재자 둘이 지명되어야 한다는 것이다. 이들 중재자는 먼저 쌍방을 서로 화해시키는데 힘쓰며 실패하면 이혼으로 끝나게 된다. 그러므로 이혼을 선언하는 사람은 남편일지라도 아내와 마찬가지로 중재자의 결정에 상당히 얽매어 있다. 이것은 곧 남편이 마음대로 혼인을 거부할 수 없다는 것을 보여 준다. 이런 경우 먼저 두 중재자에게 회부되어야만 하고 그들의 결정에 구속력이 있다. 칼리파 알리는 이혼의 유일한 권리를 갖고 있다고 생각하는 어느 한 남편에게 이 구절에 명시된 중재자를 지명하여 중재자의 판단에 따라야 할 것이라고 말했다고 전한다. 무슬림이 비무슬림 통치하에 살고 있을 때 만일 재판관이 당국에 의해 지명되지 않으면 중재자의 지명은 무슬림 공동체의 손에 달려 있다. 무슬림 공동체는 공동체가 바라는 어떤 식으로든지 그 권리를 행사할 수 있다. 이런 절차가 실패하면 당사자들이 그들 사이에 합의를 도출할 수도 있다.

꾸란에서 월경이란 말은 이혼의 예비 단계로서 다루어진다. 월경이 계속되는 동안은 성 관계는 해로운 것으로 간주되어 금지된다(수라 2:

222). 남편과 아내 사이의 애정 관계의 일시적인 중단 때문에 이혼은 월경 배출이 계속되는 동안에는 금지되었다. 이븐 우마르가 아내가 월경 중이었을 때 그녀와 이혼했던 것이 무함마드에게 알려졌다. 이때 무하마드는 이혼이 불법이라고 선언했고 이븐 우마르에게는 아내를 도로 찾도록 하였다. 그래서 이혼은 투흐르(Tuhr: 여인이 월경 배출로부터 분명히 벗어났을 때) 상태에서만 허용되었고 게다가 이혼 시에는 남편과 아내가 투흐르 기간에도 성 관계를 해서는 안될 것이라는 조건을 달고 있다. 분명히 이것은 일종의 이혼의 자유를 억제하는 것을 의미한다.

부부간의 의견 차이가 결국 이혼으로 이어진다 할지라도 부부간의 유대를 유지하기 위해서는 모든 가능성이 모색된다. 모든 이혼은 잇다('Iddah)라 불리는 대기 기간을 따라야 한다. "오 예언자여! 너희가 여인과 이혼할 때 그들에게 잇다(대기 기간)를 두고 이혼하라(수라 65:1)." 잇다는 약 3달이다. 그리고 이혼한 여자는 3번 월경(쿠루quruu: 투흐르 상태에서 월경 상태로 들어감)이 끝날 때까지 기다려야 한다. 정상의 경우 약 4주이지만 여성마다 변동이 있을 수 있다. 월경이 멈추어 폐경기에 해당하는 사람은 물론, 월경을 하지 않는 여자의 경우에는 잇다는 3개월이다(수라 65:4)." 임신한 여인의 경우에는 대기 기간은 분만 때까지이다. 결국 잇다는 쌍방이 화해할 기회를 주는 것을 목적으로 한다. 그들이 이혼했지만 아직도 그들은 같은 집에서 살고 있고 남편은 그 여자가 품행이 나쁘지 않는 한 살고 있는 집에서 아내를 쫓아내지 말도록 분명히 이야기되어진다. 그리고 유사한 충고가 아내에게도 주어져 집을 떠나지 말도록 한다(수라 65:1). 이러한 권고는 쌍방의 애정 관계를 회복하는 데 그 목적을 두고 있고 여러 가지 의견 차이를 최소화하는 데 있다.[26]

---

26) 공일주, 앞의 책, p.327.

사실 재결합은 꾸란이 잇다에 대해서 말할 때 분명하게 권고하고 있다. "그리고 그들이 재결합을 원하면 그 기간에 그들의 남편들은 부인들을 도로 찾을 권리가 있다(수라 2:228)." 그래서 모든 이혼은 처음 단계 동안은 실험적이며 일시적인 별거이고 쌍방이 함께 살도록 함으로써 모든 기회가 부부 관계를 재결합시키기 위해 그들에게 주어진다. 심지어 대기 기간이 지난 후에도 쌍방이 재결합하도록 권유된다. "그리고 너희가 여자와 이혼하여 대기 기간이 끝났을 때에도 합법적으로 그들 사이에 합의가 이루어지면 남편들과 재결합하는 것을 막지 마라. 이것은 알라와 최후 심판의 날을 믿는 자들마다 권고되었다. 이것은 너희에게 더욱 유익하고 순결하기 위함이라. 알라는 너희가 모르는 것을 아신다(수라 2:232)." 이처럼 이혼한 당사자간의 재혼은 권고되고 쌍방에게 더욱 유익하고 더욱 순결한 것이 되어야 한다는 것으로 권고되었다. "이혼은 두 번 선언된다. 그리고 나서 당사자들은 좋은 사귐을 갖거나 친절히 그들이 가게끔 하라(수라 2:229)." 그래서 취소할 수 있는 이혼(Ṭalaq raj ii)이 두 번 선언된다.

첫번째 이혼 후에 대기 기간에는 당사자들은 부부 관계를 재개할 권리를 갖게 되고 대기 기간이 끝난 후에는 재혼할 권리도 갖는다. 비슷한 권리가 두 번째 이혼한 다음에도 그들에게 주어지나 세 번째 다음에는 안된다. 그러나 이슬람 이전에는 아내가 이혼할 권리가 없는 반면에 남편에게는 마음대로 이혼할 특권이 있어 잇다 기간에도 그가 좋은대로 여러 차례 부부 동거권을 가졌다. 그래서 여자는 마음대로 버릴 수도 있고 취할 수도 있는 단순한 소지품으로 간주되었다. 이것은 혼인의 모든 제도를 문란하게 했다. 이슬람은 아내에게 이혼할 권리를 줄 뿐만 아니라 취소할 수 있는 이혼은 단지 두 번이라고 선언함으로써 남편이 자기 마음대로 자주 행사하는 이혼의 특권을 저지했다. "이혼은 두 번 선언되나니: 그리고 나서 그들과 좋은 사귐을 갖거나 친절하게 그들을 놓아주어라(수라 2:229)." 그래서 두번 취소 또는 재결합한 다음에 당사자들은 남편과 아내로서 영원히 같이 살거나 재결합이 이뤄지지 않아 영원히 헤어지는 것 중에서 선택해야 한다. 그래서 만약 두 번째 실험에 실패하면 당사자는 세 번째 이혼으로 헤어지게 되는데 이것은 취소할 수 없는 이혼에 해당된다.

법학자들은 세 가지 형태의 이혼을 인정한다. 가끔 한 남자가 한 번에 동시에 세 번 이혼을 선언할 수도 있는데 이것은 이혼이 세 번 이루어졌음(탈라끄 비드이, Talaaq bid'ii)을 의미하는 것으로 이해된다. 다시 말하자면 한 남자가 그의 아내와 처음 탈흐르에 이혼하고 뒤이어 두 번째 탈흐르에 두 번 이혼한 것이며 세 번째 탈흐르에 세 번 이혼하는 것이 되므로 이것은 한 차례의 잇다(대기 기간) 동안에 세 번 이혼한 셈이 된다. 이 방법은 법학자들이 "좋은 이혼법"(탈라크 하싼, Talaaq Hasan)이라 부른다. 가장 좋은 이혼법(탈라크 아흐산, Talaaq 'ahsan)은 하나의 투흐르에 오직 한 번 이혼이 선언되는 형태를 가리키는 말인데 이것은 대기 기간이 뒤따르게 된다. 이 마지막 방법이 꾸란에서 인정하는 유일한 방법이다.[27]

꾸란은 "오 예언자여! 너희가 여자와 이혼하면 그들에게 규정된 기간을 두고 그들과 이혼하라. 규정된 날들을 꼬박 꼬박 세어야 하고 알라에 대한 너의 의무를 게을리 하지 말라"(65:1)고 하였다. 그래서 이혼은 단지 한 번만 선언된다. 이혼이 선언되었을 때 대기 기간이 뒤따르고 이 기간에 당사자들은 이혼을 취소할 권리를 갖는다. 이혼의 모든 다른 형태는 꾸란과 예언자의 수나에 역행하는 것이다. 꾸란은 앞에서 말한 가장 좋은 이혼 법(딸라끄 아흐산)만 인정한다. 꾸란이나 하디스에서는 다

---

27) 공일주, 앞의 책, p.329.

른 두 가지 형태의 이혼, 즉 탈라크 비드이와 탈라크 하싼은 전혀 언급하지 않고 있다. 사실 이 두 가지의 형태는 취소할 수 있는 이혼을 취소할 수 없는 것으로 만드는 속임수에 불과하다. 이러한 속임수에 의존하는 경향은 무함마드 생존 시절에 두드러졌다. 시간적 간격을 두지 않고 세 번 이혼을 선언하는 것은 이슬람 이전의 잔존물로 여겨진다. 또 다른 전언에 의하면 우마르 시절까지 사람들은 동시에 세 번 이혼을 선언하곤 했으나 그들은 한 번 이혼한 것으로 셈하였다고 전한다. 그러한 비이슬람적 행동을 사람들에게 금하도록 하기 위해 우마르는 한차례에 세 번 이혼을 시간 간격을 두고 세 번의 별개의 행동으로 바꾸어야 한다고 했다. 그러나 이런 명령은 의도한 바와는 달리 역효과를 가져다 주었다. 그래서 한 차례에 세 번 이혼을 선언하는 것이 일반적인 관례가 되었다.

두 가지 이혼 형태 비드이(bid'ii)와 하싼(Hasan)은 꾸란이 두 당사자에게 부여했던 재결합할 자유를 빼앗아 가버리므로 이것들은 꾸란의 가르침에 위배되는 것이며 반드시 없애 버려야 할 이혼의 형태라고 무슬림들은 말한다. 꾸란에서 취소할 수 있는 이혼이 이런 식으로 취소될 수 없는 이혼이 될 리가 없다. 이는 이슬람에서의 이혼 제도에 토대가 되는 상호 유익 정신에 치명타를 가하는 것이다. 그래서 이혼이 한 번 또는 세 번 또는 백 번 선언되었더라도 그것은 단지 한 번의 이혼이며 기다리는 동안에 취소될 수 있다는 것이다. 물론 취소될 수 없는 이혼이 무슬림들 사이에서 가장 드물게 일어나는 현상임은 분명하다. 왜냐하면 한 남자와 한 여자가 남편과 아내로서 함께 살아갈 수 없음을 두 번의 실험에서 확인되었을 때 그들 측에서 다시 재혼할 생각을 갖는 것은 우스꽝스럽다. 그래서 꾸란은 그들이 한번의 경우를 제외하고 두 번째 결합하는 것을 실패한 이후에는 그들이 재혼하지 않을 거라고 기록한다. "그래서 만약 그가 그 여자와 이혼하면 그 여자가 다른 남편과 혼인한 이후에야 그 여자는 그에게 법률이 인정하는 아내가 될 수 있다. 그리고 만약 두 번째 남편이 그녀와 이혼하고 알라의 법도를 지킬 수 있다고 생각되면 그들이 혼인에 의해 서로에게 되돌아간다 할지라도 흠이 되지 않는다 (수라 2:230)."

세 번째 이혼한 다음에 첫번째 남편에게 되돌아갈 수 있도록 허용한 혼인의 경우는 두 번째 남편과 혼인 계약이 이루어졌으나 역시 실패로 판명되었을 때에 해당된다. 만일 그 같은 경우에서도 흔하지는 않지만 결혼 당사자들이 다른 사람과의 혼인 결합을 통해 교훈을 배워 서로에게 더 잘하게 되는 결과를 낳을 수도 있다. 본래 꾸란의 가르침에 따르면 희귀한 형태의 취소할 수 없는 이혼은 아직까지 매우 드물고 만약 그런 경우가 발생하더라도 당사자들은 최소할 수 없는 이혼 이후에 재결합이 허용된다. 아내가 이혼에 대해 정해진 문구를 세 번 선언함으로써 취소할 수 없는 이혼을 하였을 때 남편이 그녀와 다시 재결합하기 원했다면 그 여자는 먼저 세 번째 남자와 혼인하여야 하는데 이때 그는 그녀와 성 관계를 가진 후에 그녀와 이혼한다는 조건이 붙는다. 이것이 할랄라(alala : 법률상 정당하다고 인정함)라고 불린다. 할랄라는 여자에게 사실상 간통에 상당하는 성 관계를 가져야만 하는 수치를 줌으로써 이것이 일종의 처벌로서 이루어지지만 앞선 단락에서 말하는 혼인은 영속적인 부부의 인연이 계속되며 그런 경우 이혼은 절대로 뒤따라올 수 없다. 사실 모든 것이 정상적인 경우에는 이혼이 될 수 없다. 칼리파 우마르는 할랄라의 관례를 따랐던 두 남자가 그에게 왔을 때 그들은 간통한 사람들로 취급했다. 꾸란에서 허용한 세 번의 이혼 중 세 번째는 취소할 수 없는 이혼인데 이혼이 자연적으로 오랜 간격을 두고 일어나므로 세 번째 이혼은 매우 드물게 생긴다.

이혼은 구두나 서면을 통해 이루어지지만 그것은 증인들 앞에서 이루어져야 한다. 꾸란은 "그래서 그들이 정해진 기간을 채웠을 때 친절하게 그 여자들을 다시 붙들든지 또는 친절하게 여자들과 헤어지되 너희 중에 공정한 남자들을 불러 증언하게 하고 알라에게도 솔직하게 증언하라(수라 65:2)."고 말한다. 실제 사용된 말들이 무엇이든지 간에 그들은 혼인의 인연이 끝났다는 의도를 분명하게 전해야 한다. 이혼이 어떤 상황하에서 효력을 발생하게 될지에 관해 법학파 사이에 의견이 다르다. 분명한 의사 표시가 혼인 자체에서도 중요하듯 혼인의 취소에서도 필수적인 요소이다. 그러나 어떤 이들은 강압에 의해 또는 권력에 의해 또는 중독이나 흥분 상태에 있을 때 또는 분노나 농담, 또는 실수나 부주의한 잘못으로 인한 이혼을 무효라고 인정하는 반면에 다른 이들은 이같은 몇몇의 경우에는 무효이고 나머지 경우에는 유효하다고 한다. 하나피 법학파는 장난삼아 농담으로 하거나 술 취한 상태에서 또는 마음에 내켜서 하는 말이든 강압에 의해 했던 말이라 할지라도 이혼이 효력을 갖는다고 인정하나 이맘 샤피이는 그 반대의 견해를 갖는다. 분명히 하나피의 견해는 이혼이 매우 중대한 문제로서 선언되고 이혼이 되기까지의 걸쳐야 할 특별한 절차들이 규정되어 있는 꾸란의 가르침에 위배된다.

일라(' iilaa)와 지하르(Zihaar)는 이슬람 이전의 두 가지 관례로 그것에 의해 아내는 어중간한 상태에서 살게 되고 가끔은 그녀의 전 생애 동안에도 그러한 경우가 있다. '일라'는 글자 그대로는 "맹세함"의 뜻이지만 전문 용어로는 "남자가 그의 아내에게 가지 않겠다고 맹세함"을 의미한다. 이슬람 이전 시대에는 아랍인들은 자주 그런 맹세를 하곤 했다. 어중간한 상태의 미결정 기간이 끝이 없으므로 가끔 아내는 전 생애를 굴레에 묶여 산다. 그것은 아내의 위치도 아니고 다시 혼인할 수 있도록 자유로운 이혼녀도 아니기 때문이다. 꾸란은 4개월 이내에 남편이 부부 관계를 다시 복귀하지 않으면 아내는 이혼되어야 한다고 명함으로써 이런 상태를 개선하였다. "그들이 아내들에게 가지 않겠다고 맹세한 사람들의 경우에는 대기 기간이 4개월이다. 그리고 나서 만약 그들이 되돌아오면 알라는 용서해 주고 자비롭다. 그리고 만약 그들이 이혼을 결심하면 알라는 모든 것을 듣고 아신다(수라 2:226~ 227)."

'지하르'는 등을 의미하는 자흐르(Ẓahr)에서 파생되었다. 이슬람 이전 시대에 아랍인들은 그의 아내에게 "그대는 나에게는 내 어머니의 등과 같다.('anti 'alayya ka-zahri' Ummii)"를 말하곤 했다. 이것을 전문 용어로 '지하르'라 부르는데 이런 문구를 선언하자마자 남편과 아내 사이의 관계는 이혼에 의한 것처럼 끝나게 된다. 그러나 여인은 자유롭게 남편의 집을 떠날 수 없고 버림받은 아내로서 남게 된다. 무슬림 중의 한 사람 아우스 븐 사미트가 그의 아내 카울라를 이와 비슷하게 취급하였다. 이같이 학대받은 여인이 무함마드에게 와서 남편의 학대와 냉대를 불평했다. 무함마드가 그녀에게 그가 개입할 수 없다는 것을 말해 주었다. 그녀가 다시 실망에 빠지자 그때 무함마드는 다음과 같은 계시를 주었다. "알라는 정말로 그녀의 남편에 대해 너희를 변호하고 알라에게 불평하는 말을 들으신다. 알라는 너희 둘 사이의 주장을 듣고 계시나니 진실로 알라는 모든 것을 들으시고 보시도다. 너희 중에 그들을 그들의 어머니의 등과 같다고 함으로써 아내들을 버리는 남자들이 있는데 아내는 남편의 어머니가 아니고 남편의 어머니는 남편을 낳아 준 어머니 이외는 없느니라. 실로 남편들은 증오에 찬 말과 거짓된 말을 하는도다(58:1,2)." 그후 이런 관례에 빠진 남자는 노예를 해방시킬 것을 명령받았고 만약 그가 노예를 찾지 못하거든 계속해서 두 달 동안 금식하고 만약 그렇게도 할 수 없는 자는 60명의 가난한 이에게 먹을 것을 주라(58:3,4)고 하였다.

리안(li 'aan)이라는 낱말은 저주를 의미하는 라아나(la 'na)에서 파생되었다. 그러나 전문 용어로 이 낱말은 남편과 아내 사이에 헤어짐을 초래하는 특별한 형태를 가리키는데 그 속에는 남편이 아내를 간통죄로 뒤집어씌우지만 그 뒤집어 쓴 죄를 지지해 줄 증거도 없으며 아내 또한 그것을 부인할 경우이다. 꾸란은 전체 사회 구조를 파괴하는 간통은 엄중하게 처벌해야 할 범죄로 간주했다. 동시에 간통죄를 뒤집어 씌우는 것도 똑같이 중대한 범죄로 간주되어 간통에 대한 확실한 증거가 나타나지 않는 한 뒤집어 씌우는 자도 간통죄를 저지른 자처럼 처벌된다. 이것은 일반적으로 매우 바쁘게 움직이는 중상 모략하는 자의 혀를 저지하고 순진 무고한 사람들을 소중히 다루지 않는 것을 막기 위함이다. 어떤 남자가 다른 사람의 사생활에 대해 관심이 없었으나 만일 다른 남자가 자신의 부인이 간음했다고 믿는 강력한 이유들을 가지고 있다면 사태는 매우 다르다. 이런 경우 남편과 아내 사이에 헤어짐을 초래할 수단으로서 제안된 리안은 그 뒤집어 씌움이 옳으냐 그르냐에 따라 둘이 헤어질 것인지에 관심을 둔다. "그리고 그들 자신 이외의 증인도 없이 그들의 아내에게 죄를 뒤집어 씌우는 자는 그들 자신의 유일한 증언이 4차례 있어야 되는데 이는 그가 진실된 자임을 알라게 증언하는 것이다.

만약 그들이 거짓말쟁이라면 다섯 번째 맹세는 알라의 저주가 그들에게 있을 거라고 말한다. 그러나 그 여자가 남자는 거짓말쟁이라고 알라에게 4차례 증언하면 처벌은 그 여자에게서 떠나게 된다. 그러나 다섯 번째 맹세가 남자의 증언이 사실이라면 알라의 진노가 그 여자에 있을 것이다(24:6-9)." 그래서 쌍방이 증언한 후에는 그들이 영원히 헤어지게 된다. 이런 경우에 상호 저주는 없다는 것이 주목할 만하고 그와 그녀의 증언이 진실하다고 하지만 당사자들의 각자는 그와 그녀가 만약 거짓말을 했다면 알라의 저주와 분노가 있을 뿐이라고 한다.

이상과 같이 샤리아법에 따르면 두 당사자가 사는 동안 다음과 같은 경우에 혼인은 해소될 수 있다.
　① 가장 흔한 절차로 남편이나 아내의 혼인 거부(탈라크: talaq) 행동인데 이것은 남편의 권리이다. 그러나 현대 지위법에는 남편의 이런 권한을 억제하려는 경향이 늘고 있다. 심지어 어떤 입법에서 법원 밖에서의 이혼은 허용되지 않거나 효력이 없다고 한다.
　② 상호 합의(쿨라 khula 또는 무바라트 mubaraat)
　③ 남편이나 아내의 소송에 따른 법원의 별거 명령(타프리크 tafriiq)
　그리고 여성은 다음과 같은 경우에 혼인 해소를 당할 수 없다고 수니파와 시아파는 만장일치로 받아들인다.

① 적법하지 않는 계약 하에 혼인하였을 때

② 잇다 동안의 취소할 수 없는 혼인 해소[28]를 하였을 때

③ 잇다 동안에 법원에서 별거 명령을 받았을 때

④ 취소할 수 있는 혼인 해소이더라도 잇다 기간이 끝났을 때

⑤ 신방에 들기 전 이혼녀가 되었을 때

이처럼 혼인 해소는 정당한 절차를 밟은 혼인만이 가능하고 두 당사자 간의 합의로 별거할 수 있다. 그러나 정당한 절차를 밟아 혼인를 했더라도 남편이 혼인 거부할 필요도 없이 또는 법원의 이혼 요청에 따라 혼인이 무효화되는 예가 있다. 그것은 곧 종교를 바꾸었거나 금지된 촌수 안(prohibited degree)의 혼인이 되었을 때이다. 혼인의 적법성 조건으로 앞서 말했듯이 무슬림 남편은 성서의 백성이 아닌 여성을 아내로 맞이할 수 없다. 그러므로 혼인 후에 무슬림 여성이나 성서의 백성에 속하는 여성이 무신론자가 되거나 성서의 백성이 아닌 경우 혼인은 해소된다. 그러나 말리키 견해와 일부 하나피 법률학자의 견해를 따르는 쿠웨이트 입법자는 무슬림 아내의 배교가 혼인을 해소시키지 않는다고 규정한다. 만일 무슬림 남편이 배교하거나 무슬림 아내의 비무슬림 남편이 이슬람을 받아들이기를 거부하면 혼인은 자동적으로 해소된다.[29] 더 자세히 말하면 쿠웨이트법은 '종교 차이로 인한 취소'라는 제목 하에 다음과 같이 규정한다.

① 두 명의 비무슬림 배우자가 함께 이슬람으로 개종하면 그들의 혼인은 여전히 유지된다.

② 남편만이 이슬람을 받아들이고 아내가 성서의 백성이면 그들의 혼인도 유지된다. 만약 아내가 성서의 백성이 아니면 이슬람을 받아들일

---

28) 혼인 해소란 적법한 혼인의 해소를 말한다.

29) Jamal J. Nasir, *The Status of Women Under Islamic Law*, p.95.

기회가 주어지고 이때 이슬람을 아내가 받아들이면 또는 성서의 백성이 되면 그들의 혼인은 유지된다. 그렇지 않으면 혼인은 무효이다.

③ 아내만이 이슬람을 받아들이고 남편에게 똑같은 선택권이 주어질 때 그가 이슬람을 받아들이겠다고 동의하면 혼인은 유지되고 동의하지 않으면 혼인은 무효다. 그가 법정 자격을 잃게 되고 아내가 신방에 들기 전 이슬람으로 개종한다 해도 혼인은 즉시 해소된다. 신방에 들어갔으면 잇다 기간이 지켜져야 한다. 이 모든 경우에 법원은 이슬람으로 개종한 것이 진심이었는지 조사하지 않는다. 또 개종의 동기도 묻지 않는다. 아내와 대비해 보면, 남편의 배교로 인해 혼인이 해소되는 것이다. 그럼에도 남편의 배교가 신방에 든 후에 있었고 잇다 기간에 이슬람으로 되돌아오면 그 혼인은 재개된다.

또, 하나 금지된 촌수 안의 혼인도 있다. 수니에 따르면 배우자 중 하나가 다른 배우자의 직계 존속이나 자손과의 혼인은 금지된 촌수 안의 혼인을 야기시켜 혼인이 해소된다. 시아파에게는 한쪽 배우자가 배교하면 법원에 회부함이 없이 즉시 혼인이 해소된다. 수니와 달리 시아파는 아내의 간음과 의붓아들과의 비행이 있더라도 혼인은 취소되지 않는다.[30]

V. 맺음말

개인 지위법은 최근에 아랍 각국에 등장하는 법이다. 기존의 샤리아법을 보충하는 선에서 이뤄진 느낌이 든다. 더구나 아랍 이슬람 각국마다 개인 지위법의 입법 여부와 그 내용이 다르고 게다가 각 나라마다 추종하는 법학파도 달라 적용 방법도 다름을 알았다. 특히 무슬림과 비무슬

---

30) Ibid., p.96.

림간에 차이를 두는 입법도 있고 차이가 없는 나라도 있었다.

아랍 각국의 상황도 여러 면에서 많이 달라지고 있다. 여성들의 지위에 대한 사회적, 법률적 의견이 달라지고 있는 것이다. 무슬림들은 전세계의 이슬람이 모두 같다고 하지만 법에 있어서도 그 차이를 드러내고 있어 앞으로 이에 대한 연구의 진작을 기대해 본다.

우리가 다른 문화를 접할 때 그들에게 받아들여지고 그들에게 이해되는 행동이 요구된다. 이슬람 사회처럼 경직된 신분 사회에서는 그들이 사는 곳, 일하는 곳, 사권 친구에 따라 어떤 한 신분 계층으로 구속받게 된다. 신분이 다르면 서로 어울리지 않기 때문이다. 이런 점에서 아랍의 개인 지위법은 아랍 무슬림의 신분을 파악하는 데 매우 긴요한 것이다.

아랍 연맹 회원국들이 통일된 개인 지위법을 1977년초에 입안[31]했으나 아직까지 아랍 각국에서 이를 시행하지 못하고 있다. 이슬람에서 혼인에 적용되는 법정 자격(성년과 혼인 연령 등)과 민법에서의 법정 자격이 같지 않았다. 샤리아법은 종교가 서로 다를 때의 혼인을 구분지었는데 무슬림 여성과 비무슬림 남성과의 혼인은 법적으로 무효다. 더구나 종교가 다른 아내에 대한 재산 상속은 금지되었다. 또 아내가 종교를 바꾸면 그녀의 부양권은 소멸된다. 그것은 배교가 혼인 계약을 무효화시키기 때문이다.

---

31) Jamal J. Nasir, *The Islamic Law of Personal Status*, pp.291~342 부록 참조.

〈참고 문헌〉

공일주. 아랍문화의 이해, 서울 : 대한교과서, 1996

Abdel Rahim Omran, *Family planning in the Lejacy of Islam*, London: Routledge, 1994

Dawoud S. EI Alsmi, Law No. 100 of 1985 Amending Certain Provisions of Egypt's Personal Status Law and Society,

Leiden : E.J.Brill, 1994, pp.118~130

Dawoud S.El Alami, *The Marriage Contract in Islamic Law*, Boston. Grhham & Trotman.

J.N.D.Anderson, *Islamic Law in The modern World* Conn : Green Wood press. 1975

Jamal J.Nasir, *The Islamic Law of personal status* Boston : Grahan of Trotman. *The Status of Womem under Islamic Legislation*, Boston : Graham & Trotman, 1992

Khurshid Ahmad. *Studies in The Family law of Islam* Karachi : Chiragh—S—Rah. 1959

Robert H. Eisenmam, *Islamic Law in Palestine and Israll*

Leiden : E. J. Brill. 1978

축일을 통한 무슬림 여성과의 대화

비비안 스테이시 *

1. 머리말

"즐거워하는 자들로 함께 즐거워하고 우는 자들로 함께 울라(롬 12:15)." 무슬림을 우리의 이웃과 친구로 관계를 맺어가는 것은 그 중요성을 아무리 강조해도 지나치지 않다. 서로에게 관심과 나눔을 베푸는 축일이야말로 우정을 깊게 하는 또 하나의 방법이다. 그리스도인들은 다소 신앙 중심으로 행하려 함으로 실제로 무슬림이 느끼는 깊은 관심을 이해하지 못하는 경우가 있다.

출생, 혼인과 사망 그리고 종교적인 절기와 축일을 고려하지 않고는 이슬람 세계에서의 가족과 여성에 대한 연구는 완전하지 못한 것이 된다. 여기서 언급할 축일 이외에도 대부분 아랍 국가와 중동 지역에서는 지역 성인을 기념하기 위한 행사가 있다. 수천 또는 수만 명의 축하객들이 1325년에 사망하여 델리 외곽지역에 묻힌 하즈라트 알 딘 아울리야

---

* 전 Inter-Serve 영국 선교사

(Hazrat al-din Auliya)를 찾아온다. 그의 무덤은 그의 죽음을 기념하는 가장 유명한 연례 축일(우르스:Urs)이 열리는 곳이다. 그 날은 그가 하나님과 결합했다는 날이다. 다른 나라에서 온 무슬림들도 이 행사에 참가한다. 우르두어에서 우르스라는 말은 혼인을 의미한다. 나는 파키스탄에 있는 라호르의 성인 무덤에 가 본 적이 있다. 수백 명의 여성들이 매일 사당을 방문한다. 내가 간 주된 목적은 무슬림들의 삶 속에서 그런 행사가 얼마나 중요한가를 기독교 학생들에게 이해시키기 위해서이다. 일반적으로 그런 행사에서는 복음을 나눌 수 있는 기회들이 있다.

무슬림 여성의 전 가족이 움직이는 프로그램은 이슬람력 제9월 라마단 달에 바뀐다. 무슬림들은 이 달에 무함마드가 꾸란의 첫 계시를 받았다고 한다. 어린이, 병자, 노인, 여행자, 임산부를 제외하고 이 달 동안 해 뜰 때부터 해가 질 때까지 금식을 한다. 대부분 사람들은 밤에 식사하지만 아이들은 낮 동안에도 먹어야 한다. 무슬림 세계의 많은 곳에서는 이 때 사이렌이 울리고 해뜨기 몇 시간 전에 여인네들은 자리에서 일어나 가족들이 금식이 시작되기 전에 아침 식사를 할 수 있게 한다. 아주 더운 지역에서 금식하는 달은 육체적으로, 사회적으로 시험이 되는 기간이다. 라마단(아랍어) 또는 라마잔(우르드어)은 전적으로 금욕적인 달은 아니다. 밤에 종교적 춤을 추고 더 많은 시간을 기도와 꾸란을 읽는데 소비한다. 무슬림과 기독교인 친구들 그리고 이웃—여성은 여성끼리 남성은 남성끼리—이 만날 때 더 많은 사회화가 일어난다. 종종 기독교의 신앙과 실천에 대해 이야기를 나눌 수 있는 기회가 있다. 일부 국가에서는 친구들을 방문하는 것은 금식하는 낮 동안에는 하지 않고 저녁에 방문한다. 환대의 규칙상 초대한 이가 음식이나 마실 것을 내 놓아야 하기 때문이다.

금식을 깨뜨리는 날을 기념하는 이드 알 피트르 축일은 라마단이 끝났음을 의미한다. 남자들은 모스크나 이드가(Id-gah: 함께 모이는 사람을 위해서 만든 널따랗고 툭 터진 공간)에 참여하여 기도하고 설교를 듣고 예배를 한 후에 집에 돌아와 잔치를 벌인다. 여성들은 일반적으로 모스크나 특별한 기도처에 가지 않고 집에서 기도하고 요리를 준비한다. 모든 사람은 이때 새 옷을 입고 선물을 주고 받는다.

그 해에 가장 큰 축일은 이드 알 아드하(희생제)인데 라마단이 끝난 후 70일 후에 있다. 메카에 순례한 사람들의 순례 일부로서 희생제는 어디서나 무슬림들에 의해서 기념된다. 희생제에 대해서는 꾸란 22장 33절에서 37절까지에 기록되어 있다. 전승에 따르면 희생제에서 얻는 장점이 많다. 꾸란에 기록하기를 아브라함이 그의 아들을 희생물로 바치려고 했을 때 동물을 대속물로 삼은 것은 하나님이라고 한다. 대부분의 무슬림은 아브라함의 아들과 관련하여 이삭이 아닌 이스마일을 지칭한다. 그러나 그 아들의 이름은 꾸란에 나와 있지 않다(수라 37:102-109 참조). 초기의 무슬림 해설가 중에 그를 이삭이라고 하는 이도 있었다. 우리는 이슬람의 희생제와 유대인의 수난절(출 12장)을 비교하는데 중점을 둠으로써 이 문제의 논쟁을 피해갈 수 있다. 금요일과 성만찬을 통해 다음 질문을 나눠보자.

1) 무엇이 기념되는가?   2) 무엇이 희생되었는가? 3) 어떻게 자신을 준비하는가?

4) 누가 구원받았는가?   5) 누가 희생 제물을 제공했는가? 6) 어떻게 우리가 기념할까?

라일라 알 미으라즈(미으라즈는 승천을 의미한다)는 무함마드가 천상으로 승천한 것을 기념하는 날이다. 수라 53장 1~18과 81장 19~25에서 꾸란은 무함마드의 두 가지 환상을 보여준다. 수라 17장 1절(밤의 여행)은 그의 신비로운 여행을 말해 준다. 그리스도인은 하늘에서 오셔서 그곳으로 다시 돌아가신 분은 예수 그리스도 한 분밖에 없음을 기억해 두는 게 좋겠다(요 3:13).

마울리드 알 나비(Mawlid al-Nabi, 무함마드의 생일)는 널리 기념된다. 민간 전승에 따르면 무함마드는 이슬람력 제3월(라비 알 아우왈) 12일, 그의 63번째 생일 날에 죽었다고 한다. 최근 20년 동안 무함마드 숭배가 부활되고 있다. 그래서 이 축일이 더 많이 널리 기념되고 있다. 무함마드를 숭배하기 위한 행렬과 모임은 대부분 읍도시에서 벌어지고 알 부사이리가 쓴 송시가 그의 탄생과 생애, 사명을 기념하여 낭송된다. 그리스도인들이 예수를 찬미하는 것을 무슬림들은 무함마드에게 찬미하려고 하므로 이때 예수의 고난과 그의 죽음을 강조하기에 매우 적절한 때이다. 꾸란에서 말하는 대로 유대인들이 예수를 죽이려 했고 예수는 기꺼이 죽고자 했을 뿐만 아니라 꾸란이 부인하는 것으로 예수는 온 인류의 죄를 위해 죽으셨다.

많은 무슬림들은 라일라 알 니쓰프(laylat al-Nisf min Sha'ban, 페르시아어로는 Shab-i barat)를 기록의 밤(night of Record)으로 기념한다. 이 밤 내내 등불과 촛불을 켜 놓는다. 모든 사람들이 다가올 새해에 행하게 될 모든 행동들 그리고 출산과 죽음까지도 이 밤에 하나님이 기록한다고 무함마드가 말한 것으로 전해진다. 요한 계시록 21:27(무엇이든지 속된 것이나 가증한 일 또는 거짓말하는 자는 결코 그리로 들어오지 못하되 오직 어린 양의 생명책에 기록된 자들뿐이라.)과 시편 116:15(성도의 죽는 것을 여호와께서 귀중히 보시는도다)를 보면서 이와 비교해 보라. 어떤 무슬림은 이 밤에 죽은 자의 영혼이 땅으로 돌아와 그들이 이전에 살았던 집을 방문한다고 믿는다. 사람들은 죽음을 두려워하여 모스크에 가서 자비를 구한다. "또 죽기를 무서워하므로 일생에 매어 종노릇하는 모든 자들을 놓아 주려 하심이니(히 2:15)" 이 날은 또 금식의 날이다. 많은 사람들은 이 날 자지 않고 기도하며 꾸란을 읽는다.

무하람(Muharram)은 시아파들이 매년 제4대 칼리파 알리의 순교와 그의 두 아들 하산과 후세인의 죽음을 기념하는 달이다. 이 달 첫 10일 동안 애도와 기념식을 갖는다. 제10일째가 되는 날 그들이 슬픔을 표현하는 행렬에서 절정에 달한다. 시아파는 후세인을 그의 민족을 위해 죽은 희생물이며 중재자라고 생각한다. 여기에는 대속의 개념이 담겨 있어 메시아 예수 그리스도의 대속을 이해하는 데 도움이 된다. 후세인은 680년 카르발라 전투에서 죽었는데 카르발라는 그 이후 이라크에서 무슬림 성지가 되어왔다.

이상의 모든 종교적 행사는 가정 생활에 많은 영향을 끼친다. 그러므로 특히 여성이 이와 관련되는 것이다. 매일매일의 기도에 습관화되어 있지 않은 무슬림 가정도 기독교인들이 부활절과 크리스마스를 지내듯이 그들의 종교적 의무로서 이드 알 피트르와 이드 알 아드하를 기념한다. 이 행사들은 종교적인 행사는 물론 사회적이기도 한 것이다. 무슬림과 기독교인은 서로의 종교 행사에 깊은 관심을 보인다. 이런 축일에 대한 관심은 두 공동체간의 이해와 대화를 잇는 다리 역할을 하게 된다.

이제 기독교의 축일을 통해 무슬림 친구와 어떻게 만날 것인지 실제적인 내용을 언급해 보자.

1. 크리스마스
① 집에서 만든 케이크이나 과자를 자녀를 시켜 이웃과 친구에게 전한다. 기독교 병원에서는 특식을 준비한다.
② 숙녀들을 위해 노래와 성극 그리고 영화 감상을 곁들인 티파티를 준비한다. 마리아와 예수님의 탄생에 대한 성경의 가르침을 설명한다.
③ 아이들을 위해 종교적인 내용이 가미된 게임이나 성가를 준비한다.
④.가끔 캐롤 성가대가 병원 환자를 방문하여 찬양하고 특별한 연극이나 영화도 상연해 준다.
⑤ 집이나 학교, 교회 건물의 지붕에 조그마한 전등불을 밝혀 세상의 빛이 되신 예수님을 기억하게 한다.

2. 사순절 또는 금식기간

① 금식의 목적을 강조하고 반드시 해야 하는 의무가 아님을 설명하라.

② 금식과 기쁨과의 관계에 대해서 이야기하라. 신랑되신 예수님이 오셔서 우리 안에 계시므로 믿는 자에게는 매일 매일이 축일이다. 사도 바울은 믿는 자에게 축일을 지키라고 권면한다. "이러므로 우리가 명절을 지키되 묵은 누룩도 말고 오직 순전함과 진실함의 누룩 없는 떡으로 하자(고전 5:8)."

3. 부활절

① 부활절에는 특별히 모여 꾸란을 읽는 스타일로 성경을 읽는다.

② 아침 예배 전에 새벽 찬송을 적절한 곳에서 드린다.

③ 집에서 만든 과자를 아이들을 통해 이웃과 친구에게 보내고 예수님이 부활하신 것을 기념하여 특식을 준비한다.

4. 기타 종교 축일

① 1월 6일 매년 축하 잔치를 베풀어 무슬림 친구들을 초대하고 예수님이 현현하심을 기린다. 기독교에서는 이 날을 주현절 또는 현현절이라 한다.

② 예수 그리스도가 승천하심을 기억하고 기념하는 특별 모임을 만들어 보라(요 3:13, 행 1:9~11).

5. 가족 축하 모임

아이들의 생일, 40번째 생일 등, 결혼 기념일을 기억하고 무슬림 친구들을 초대하고 이 좋은 날 성경적인 설명을 덧붙이라. 매일 가족 기도 모임을 가짐으로써 무슬림 이웃이 이 기도 시간을 알고 그들이 기도가 필요할 때 함께 동참하거나 기도를 요청하게 하라.

6. 기타 의례

기독교인이 각 공동체마다 출생과 혼인 그리고 사람이 죽었을 때 어떻게 하는지 기독교 관례에 대해 알고 싶어한다. 윌리엄 밀러(William Miller)는 기독교인의 믿음과 실천에 대한 책을 무슬림 친구에게 보내는 편지글로 썼는데 이 소책자는 영어, 아랍어, 우르드어 등으로 되어 있어 유익할 것이다.

① 출생

예멘을 예로 들면 앞으로 어머니가 될 사람을 방문하는 게 관습이다. 많은 방문객들이 아침이나 오후 둘씩 셋씩 짝을 지어 찾아간다. 그러면 우리는 방문객에게 줄 아랍어 성경 구절이 담긴 작은 두루마리를 준비한다. 이것은 새 아기를 주신 하나님께 감사하려고 쓴 것이라고 말해준다. 성경구절은 아이들에 관한 것인데 가령, 어린아이와 같이 되지 않으면 천국에 들어갈 수 없다는 내용, 아이들을 기업으로 주신 하나님께 감사하는 시편, 자녀를 훈육하기 위한 잠언 등을 기록한다.

② 혼례

기독교인의 혼인과 관례의 의미를 설명해 준다. 아랍인의 혼인은 개인 대 개인이 아니고 가족간의 혼인임을 기억하라. 그래서 가장은 혼인에 있어서 중요한 역할을 맡는다. 가족에 대한 성실과 불성실, 관용과 이기심, 명예와 수치가 대가족에서 주요 주제가 된다. 무슬림 결혼식은 혼인 계약을 축하하는 것이다.

③ 장례

기독교식 장례는 무슬림에게 새로운 인상을 주기도 한다. 어떤 것은 하고 어떤 것은 하지 말아야 하는지 설명하고 무슬림의 장례와 절차를 묻는다.

십자가와 초승달

콜린 채프먼 (Colin Chapman)*

Ⅰ.이슬람과 무슬림에 대한 이해

먼저 저 자신과 저의 배경에 대해 말씀드리고자 합니다. 저는 인도에서 태어났는데, 아버지는 인도의 경찰서에서 일했습니다. 그 당시는 대영제국이 지배하고 있을 때였습니다. 후에 저는 CMS(Church Mission Society)를 통해 인도에 선교사로 가고자 했을 때 인도에서 태어났다는 출생증명서를 가지고 있음에도 비자를 받을 수 없다는 말을 들었습니다. 전쟁 후에 우리 가족은 스코틀랜드에 가서 정착을 했습니다. 스코틀랜드는 장로교가 강한 나라입니다. 제가 공부했던 세인트 앤드류 대학도 많은 장로교 학자들이 있었습니다. 저는 성공회 교회에서 자라났지만 예수 그리스도를 개인적으로 알게된 것은 장로교 목사님을 통해서였습니다. 저는 영국과 스코틀랜드에서 공부한 후에 에딘버러에서 3년간 부목사로

*영국 Selly Oak College 학장

일한 후 이집트로 사역을 떠났습니다. 인도에 갈 수 없었기 때문에 카이로에 가서 사역을 하도록 선교부에서 권했기 때문입니다.

　이집트에서는 두 가지 다른 종류의 일을 했는데 성공회 교회에서 일했고, 장로교 소속의 신학원에서도 가르치는 일을 했습니다. 이집트에는 10~15%의 기독교인이 있습니다. 이집트에서 가장 큰 교회는 콥틱교회라고 불립니다. 저는 이집트에서 무슬림과 신앙을 나누고 싶었지만 가자마자 교회와 신학교에 완전히 갇혀 있는 생활을 했습니다. 또한 기독교 공동체에서 나와서 무슬림을 상대로 일한다는 것은 매우 어려운 일임을 알게 되었습니다. 그 경험은 제게 다른 나라에 선교사로 간다고 해도 그 자체가 저를 선교사로 살게 하는 것이 아님을 깨닫게 해 주었습니다. 이집트에서 일한 후에 레바논의 베이루트에서 학생 사역을 했는데, 그리스도인 학생들과 일할 때 저는 이들이 무슬림과 자신들의 신앙을 나누는 것을 매우 어렵게 생각한다는 것을 발견했습니다. 이들은 모두 아랍어를 할 줄 알았고 무슬림과 같은 문화권에서 살고 있었지만 많은 면에서 무슬림과는 매우 분리된 삶을 살고 있었습니다. 이들은 대다수의 무슬림 가운데 살고 있는 소수로 느끼고 있었습니다. 저는 많은 시간을 이 기독교인 학생들에게 이슬람권 선교를 가르치는데 보냈습니다.
　레바논 사역 후 저는 영국 브리스톨로 돌아와서 신학교에서 선교학과 종교학을 가르쳤는데 학생들은 대부분 성공회에서 목회를 하려는 사람들이었습니다. 저는 이들에게도 선교에 대한 가르침이 필요하다고 생각했습니다. 이들이 비록 다른 나라에 가지 않더라도 자신의 목회 현장에서 이루어지는 선교와 다른 종교들을 이해해야 한다고 생각했습니다.

　오늘날 우리들이 다루어야 할 가장 중요한 문제는 그리스도의 유일성입니다. 우리 신학자들이 가진 가장 중요하고 어려운 문제는 예수 그리스도만이 유일한 길이라는 것입니다. 저는 다른 신학교에서 가르치는 교수들도 이 문제에 관심을 가지고 가르치도록 힘써 왔고, 구약학과 신약학 학자들에게도 이 문제를 가지고 도전해 왔습니다. 저는 지난 5년 동안 영국 버밍햄 셀리옥의 작은 신학대학의 학장으로 일했는데 그곳에는 선교학과가 있었습니다. 그곳에서 저는 영국사람들이 어떻게 다른 나라에 가서 선교사로 일할 수 있을까를 준비해 왔습니다. 그리고 그곳에서 일하면서 베이루트에서 처음 썼던 이슬람에 대한 자료들을 수정하기 시작했고 이것을 토대로 저는 최근에 『십자가와 초승달』이라는 책을 냈습니다.

이제 이번에 번역되어 나온 책 『너도 가서 이와 같이 하라(You Go and Do the Same)』에 대해 말하고자 합니다. 내가 이 책을 저술한 것은 레바논의 기독교인 사회에서 일하면서 그들이 무슬림을 이해하도록 하기 위한 것이었습니다. 먼저 이집트, 파키스탄, 요르단 등의 기독교인들처럼 무슬림 세계에서 살고 있는 기독교인들을 중심으로, 장.단기 이슬람권 선교사들을 염두에 두었습니다. 또한 무슬림 세계에서 일반적인 직업을 가지고 일하는 기독교인도 염두에 두었습니다. 이런 분들은 훈련이 꼭 필요함에도 세미나에 참석하여 공부하거나 선교 훈련 대학에서 훈련받을 기회가 없습니다. 또한 교회에서 받는 훈련만으로는 타문화권 사역을 위해서는 부족합니다. 이런 분들을 위해 이 책을 저술한 것입니다. 또한 유럽이나 북아메리카에서 무슬림의 영향력이 점점 증가하고 있기 때문에 그곳에 있는 기독교인들을 위해서도 기록하였습니다. 버밍햄에는 수만 명의 무슬림이 살고 있습니다. 영국 전체 인구 5,500만명 중에 약 백만 명이 무슬림입니다. 즉 영국인 55명 중 한 명이 무슬림인 것입니다. 그런데 영국 교회에서는 주위의 무슬림에 대한 인식을 매우 느리게 하고 있습니다. 런던 외곽에 있는 학교 중에는 99% 이상이 무슬림인 경우도 있습니다. 무슬림은 더 이상 중동에만 있는 사람들이 아니라 우리 도시에서 우리 이웃으로 함께 살고 있는 사람들입니다. 한국에도 무슬림이

5만명 가량 있는 것을 생각해 볼 때 이 말은 한국에도 적용됩니다.

이제 이슬람에 대한 이해를 위한 내용과 방법을 말하겠습니다. 저는 어떻게 가르칠까 하는 교육방식에 대해 매우 흥미를 가지고 있습니다. 이슬람을 가르치는 데 있어서 정통 이슬람을 가르치는 것보다는 개인으로서 공동체로서 어떻게 무슬림에게 다가가고 관계를 맺을 것인가에 중점을 두었습니다. 이슬람에 대해 알기 위해서는 책을 읽을 수도 있지만 우리가 정말로 무슬림들 사이에서 사역하고자 할 때에는 책을 통해 읽는 것 이상의 관심을 가질 필요가 있습니다. 가르치거나 훈련을 시킬 때 가장 중요한 것 중 하나는 기독교인이 어떻게 무슬림에게 한 인격체로서 다가가고 관계를 맺을 것인가 하는 것입니다. 무슬림과 인격적이고 개인적인 관계를 맺는 것은 매우 중요합니다.

제 친구 중 하나가 어떤 모임에서 이슬람에 대해 가르치고 있었습니다. 모임이 끝난 후 어떤 사람이 제 친구에게 다가와서 "제가 어떻게 무슬림에게 가르칠 수 있겠습니까?" 하고 물었습니다. 제 친구는 매우 간단하게 "안녕하세요. 만나서 반갑습니다."라고 말하라고 가르쳐 주었습니다. 우리는 자칫 무슬림은 우리와는 매우 다른 특종의 사람이라고, 그러므로 매우 특별한 기술이 필요하다고 생각할 수 있습니다. 그러나 제 친구는 기독교인이 우리와 같은 한 사람으로서 무슬림을 대하는 것이 중요함을 말한 것입니다. 얼굴과 얼굴을 맞대는 관계의 중요성이 첫째라고 할 수 있습니다. 둘째로 우리는 사람들을 도울 때 지적인 수준에서가 아니라 인격적이고 감정적인 부분도 함께해야 합니다. 이슬람에 대한 정보 소개에 그치는 것이 아니라 그 마음 깊이 자리잡고 있는 두려움, 편견까지도 다루어야 합니다.

이슬람, 무슬림이라는 단어를 들을 때 머리에 어떤 생각이 떠오르는가? 유럽인들은 테러리스트나 사담 후세인을 떠올린다고 합니다. 이렇게 과거 역사에서 어느 한 사건을 끄집어내는 것이 아니라 한 인격체로서 대하는 것이 중요하다는 것입니다. 일부 영국 사람은 아랍 사람을 지저분한 사람이라고 생각합니다. 우리가 무슬림을 생각할 때 마음 깊은 곳으로부터 무슬림에 대해 어떤 생각을 갖고 있는가를 생각해 보는 것은 중요합니다. 그런 면에서 우리는 다른 사람들을 도와주어야 합니다.

세 번째로 성경을 공부할 때 성령께서는 인격적이고 감정적인 면까지도 다루시면서 성경을 통해서 기독교인들이 이슬람을 이해하도록 도와줄 수 있습니다. 저는 대학 졸업 후 이스라엘을 방문하여 사도행전 10장에 나오는 욥바라는 마을에 간 적이 있습니다. 욥바는 하나님께서 베드로가 기도하고 있을 때 하늘에서 내려오는 보자기 환상을 통해 이방인에 대해 가지고 있던 편견을 제거해 주셨던 피장 시몬의 집이 있는 곳입니다. 옛 아랍 마을을 지나가고 있을 때 저는 시몬 피장의 집이라고 말하는 집을 지나가게 되었습니다. 8월 한낮에 저는 그 지붕에 올라가서 지붕 위에서 성경의 그 이야기를 읽었습니다. 하나님께서 환상을 보여주실 때까지 베드로는 이방인은 더럽다고 여겼습니다. 전형적인 유대인으로서 더러운 이방인과 섞인다는 것은 이해할 수 없는 일이었습니다. 내가 더운 대낮에 그 지붕 위에서 성경을 읽을 때 성령께서는 저도 무슬림에 대해 이런 편견을 가지고 있다는 것을 알려주셨습니다. 저는 지저분한 골목을 지나가면서 더러운 사람들에 대해 생각하고 있었던 것입니다. '이들은 저의 문화권과 너무나 다르다'고 생각하고 있었습니다. 그러나 성령님은 성경을 통해 제가 어떤 다른 사람도 더럽다고 표현할 수 없다는 것을 가르쳐 주셨습니다. 마치 성령께서 베드로의 편견을 다루셨던 것처럼 우리도 우리 마음 속의 편견을 성령님께서 다루시도록 해야 합니다.

베이루트에서 일할 때도 저는 신약의 가르침을 새롭게 깨달을 수 있었습니다. 그것은 예루살렘 북쪽에 살고 있었던 사마리아인들에 대한 것이었습니다. 요한복음 4장에 보면 유대인들은 사마리아인들과 상종도 안했고 그들을 경멸했습니다. 사마리아인들에 대한 편견이 매우 깊었습니다. 그 편견의 세 가지 요소는 사마리아인들이 혼혈 족속이라는 것과 종교가 다르다는 것이었습니다. 그리고 사마리아인들은 구약의 토라만 인정하고 나머지 부분은 인정하지 않았으며 그리심산에 자신들만의 특별한 성전을 가지고 있었던 것입니다. 사마리아인들은 유대인들과 함께 예루살렘으로 예배드리러 가지 않았습니다. 다시 말해서 첫번째로 인종적인 편견이 있었고, 둘째로 종교적인 요소의 편견 그리고 세째로 정치적인 요소의 편견이 있었습니다. 수세기 동안 사마리아인과 유대인 사이에 정치적인 문제가 있었기 때문입니다.

베이루트에서 일할 때 저는 유대인이 사마리아인들에게 가졌던 것과 같은 편견을 기독교인 역시 무슬림에 대해 갖고 있다는 것을 알았습니다. 기독교인들이 무슬림에 대해 가진 편견은 첫째 인종적인 면이 있고 둘째 종교적인 면이 있고 셋째 정치적인 면이 있습니다. 무슬림은 종교적으로 우리와 다른 것을 믿고 있고, 그들의 지하드 개념에 의해 전쟁을 통해 이 세계를 정복하기를 원하다는 생각을 우리는 가지고 있습니다. 기독교인들이 무슬림에 대해 갖고 있는 편견은 유대인들이 사마리아인에 대해 갖고 있었던 편견과 매우 유사함을 알 수 있습니다. 따라서 예수님이 제자들이 가지고 있던 그런 편견을 어떤 식으로 다루셨는가를 아는 것은 매우 중요합니다. 예수님의 제자들은 1세기의 전형적인 유대인이었습니다. 그래서 다른 유대인과 똑같은 편견을 사마리아인들에게 갖고 있었습니다. 성경에서 이러한 편견을 갖고 있던 제자들에게 예수님께서 어떻게 하셨는가를 이해하면 우리 그리스도인들이 무슬림에 대한 편견을 어떻게 다룰 수 있는가를 알 수 있을 것이라고 생각합니다.

Ⅱ.이슬람에 대한 기독교적인 이해

이제 이슬람에 관한 기독교적인 이해에 대해 말씀하고자 합니다. 기독교인들은 일반적으로 이슬람에 대해 어떤 인상을 갖고 있는가? 기독교인들은 이슬람에 대해 어떤 이해를 해야만 하는가? 기독교인들이 실제로 이슬람에 대해 생각하고 있는 관점과 마땅히 가져야 하는 관점은 일치하는가? 먼저 세계 각국의 기독교인들이 이슬람에 대해 갖고 있는 관점에 대해 말하도록 하겠습니다. 예를 들어 말레이시아를 보자. 말레이시아에 있는 제 친구는 말레이시아의 상태를 뜨거운 물 속의 개구리 비유로 생생하게 표현했습니다. 만일 개구리를 뜨거운 물에 넣는다면 금새 튀어나오겠지만 차가운 물에 넣고 점점 열을 가하면 가만히 있다가 죽고 말 것입니다. 제 친구는 바로 이것이 말레이시아인들이 이슬람에 대해 느끼는 감정이라고 말합니다. 정부에서 점점 모든 일들을 이슬람화 함에 따라 기독교인들은 물이 점점 더워지는 듯한 느낌을 가지고 있습니다. 기독교인으로서, 증인으로서 사는 것에 점점 어려움을 느낍니다.

아프리카의 예를 들면 작년 여름 케냐와 탄자니아를 방문했을 때입니다. 새로운 모스크가 생긴 것을 볼 수 있었습니다. 제 친구들에 의하면 무슬림들은 50내지 100Km 간격으로 계속 모스크를 세우기를 원한다고 합니다. 나이지리아의 라고스 서쪽에서 동쪽으로 이르기까지, 남쪽의 케이프타운에서 북쪽의 카이로에 이르기까지 계속 모스크가 세워지고 있습니다. 기독교인들은 말하기를 무슬림들은 하나의 모스크가 세워질 때마다 그 세워진 땅을 알라의 땅이라고 주장한다고 합니다. 동아프리카의 기독교인들은 사우디 아라비아나 다른 부유한 이슬람 국가로부터 재정 지원이 와서 이런 모스크가 세워진다고 생각하고 있습니다. 이 중 어떤 무슬림 선교사들은 기독교인들에게 매우 공격적인 자세를 가지고 있습니다. 파키스탄을 가 봅시다. 파키스탄에서는 최근 들어 신성모독죄라는 것이 제정되었습니다. 무함마드나 이슬람에 대해 망령된 말을 하는 자는 사형에 처한다는 것입니다. 최근 14세된 소년이 신성모독죄로 고소를 당했다. 마지막에 풀려나기는 했지만 그 가족들은 극단적인 무슬림들이 소년을 죽일지도 모른다는 불안을 견디다 못해 독일로 떠났습니다.

유럽의 상황은 약간 다릅니다. 영국의 무슬림 수는 계속 증가하고 있습니다. 첫째는 이민을 통해서 그 수가 늘어나고, 또한 무슬림 가정에서 태어나는 많은 자녀들과 무슬림으로 개종하는 영국인들로 인해 수가 늘어납니다. 영국에는 아주 활동적인 무슬림 선교 단체가 있습니다. 이들은 이슬람을 위한 전도지를 돌리고 비디오를 상영하고 선교 수련회를 열고, '전 세계를 이슬람으로'라는 구호를 외칩니다. 일부 기독교인들이 제시하는 문제 중에는 기독교 지도자들 중 일부가 무슬림들에게 너무 온화한 정책을 쓴다는 것입니다. 무슬림들이 법률을 바꿔 달라고 요구할 때 어떤 기독교인들은 그것에 동의하고 무슬림들을 도와주는 방향으로 법률을 개정하려고 합니다. 이런 기독교인들은 자신의 신앙을 무슬림과 나눠야 한다는 데는 별로 관심이 없습니다. 영국 교회의 기독교인들은 이런 상황을 매우 걱정하고 있습니다. 이러한 전 세계의 상황을 볼 때 기독교인들이 이슬람에 대해 생각하는 관점은 매우 다양하다는 것을 알 수 있다.

어떤 기독교인들은 이슬람에 대해 아주 부정적인 생각을 가지고 무슬림을 적으로 여기고 있고, 또 일부는 이슬람을 좋게 생각합니다. 이슬람은 원수가 아니라 우리의 친구라고 생각하기도 합니다. 싸워야 할 원수가 아니라 우리와 같은 편에 있는 동맹국과 같은 친구로 생각하는 것입니다. 이러한 양 극단은 두 가지 위험을 갖고 있습니다. 첫번째는 기독교인들이 지나치게 무슬림에게 두려움을 가지고 대하는 것입니다. 무슬림이 전 세계를 정복할 계획을 가지고 있으므로 우리가 뭉쳐서 이것을 막아야 한다는 것입니다. 이런 생각을 가지고 있는 기독교인들을 가리켜 영국에서는 이슬람을 마귀화한다고 말합니다. 영국에서는 몇 년 전까지만 해도 공산주의가 기독교의 가장 큰 적이었습니다. 그러나 공산주의는 지금 거의 죽어 가고 있습니다. 위의 기독교인들에게는 이슬람이 공산주의의 뒤를 이어 대적 1호가 된 것입니다. 그것이 바로 한 가지 위험성이고 다른 하나는 너무 간단하게 이슬람을 보는 것이라고 할 수 있습니다. 그러면 좀 더 균형 잡힌 관점은 없을까?

균형 잡힌 관점을 찾는다는 것은 가만히 앉아서 되는 일이 아닙니다. 균형 잡힌 관점을 갖기 위해서는 다섯 가지가 필요한데 첫째는 좀 더 세계적인 관점을 개발해야 한다는 것입니다. 즉 전 세계에서 일어나고 있는 일을 알아야 한다는 것입니다. 전세계에는 기독교인과 무슬림이 같이 사는 사회가 많고 그 사회는 각각의 특징을 갖고 있습니다. 아프리카의 어느 지역에서는 오랜 세월 동안 기독교인과 무슬림이 평화롭게 살아가고 있습니다. 심지어 한 집안에 두 종교를 갖고 있기도 합니다. 그러나 중동으로 가보면 중동은 1400여 년간 무슬림 통치에서 살았습니다. 이슬람 초기에 무슬림들은 다수의 기독교인을 다스리고 통치하는 소수였습니다. 그때 기독교인은 종교로 인해 세금을 내야 했고, 2등 시민인 것처럼 여겨졌습니다. 이러한 차별 정책과 여러 압력으로 인해 기독교인들은 점차 무슬림으로 개종하기 시작했습니다. 그래서 중동의 기독교인들은 매우 연약하다는 느낌을 갖곤 했습니다. 이집트의 기독교인들은 "무슬림은 자신들이 원하는 것을 할 수 있습니다. 그러나 기독교인은 그것에 대항할 수가 없다"고 말합니다. 아프리카의 일부 지역과 중동은 상황이 다름을 알 수 있습니다.

영국의 상황은 또 다릅니다. 몇 년 전에 제가 성공회 신학 대학교에서 이슬람을 가르치고 있었습니다. 저는 매년 브리스톨에 있는 모스크를 방문했는데 그 모스크는 전에는 앵클리칸 교회였으며 시내 중심부에 있었습니다. 그런데 그 모스크의 창문은 모두 보호를 위한 쇠창살이 되어 있었습니다. 한번은 저를 안내하는 무슬림이 말하기를 "당신들이 방문했기 때문에 최소한 저 창문에 돌팔매질하는 돌이 하나는 줄겠군요" 하고 말했습니다. 그 무슬림 지도자의 말을 듣고 저는 이들이 무척 연약하고 상처받기 쉬움을 느꼈습니다. 이것은 세계 각국마다 그 양상이 다르므로 우리는 세계 전체의 상황을 아는 것은 중요합니다. 제가 일하는 영국 버밍검의 셀리옥에는 이슬람 연구센타에서 공부하기 위해 온 나이지리아 학생들이 있습니다. 그 학생들은 이슬람과 기독교가 갈등 속에서 싸우는 곳에서 온 학생들입니다. 그 학생들이 어디든지 싸움만이 있는 것은 아니라는 것을 영국에서 보는 것은 매우 중요합니다. 영국의 북쪽으로 가면 브레드 포드라는 유명한 도시가 있습니다. 이 도시에는 파키스탄의 이민자들이 크게 자리잡고 있습니다. 살만 루시디가 쓴 악마의 시라는 책을 이 도시 무슬림들은 공적으로 도시에서 불태웠습니다. 이 책은 무슬림들에게 매우 분노를 일으켰고, 다른 영국인들은 이 책에 대해 무슬림들이 그렇게 과민하게 반응하는 것을 보고 충격을 받았습니다. 이러한 상황에서 파키스탄에서 일하고 있었던 기독교 청년이 중간 역할을 할 수 있었습니다. 그는 파키스탄의 라왈핀디의 연구소에서 일했던 사람이므로 악마의 시에 대한 파키스탄에서의 반응을 알고 있었고 브레드 포드에 사는 무슬림들은 거의 파키스탄에서 온 사람들이었기 때문에 그는 중보자의 역할을 할 수가 있었습니다. 그가 중보의 역할을 할 수 있었던 것은 파키스탄의 상황과 영국의 상황을 모두 잘 이해하고 있었기 때문이었습니다. 버밍햄에는 인도의 카쉬미르에서 교장으로 일하던 친구가 있습니다. 카쉬미르는 대다수가 무슬림이었습니다. 그는 영국으로 돌아와서 버밍햄의 학교에서 일하고 있는데 무슬림들이 정부에서 학교 당국에 압력을 넣어 어떤 일들을 하기 원하는 것을 알고 있었습니다. 무슬림들은 이런 학교 문제에 있어서 어떻게 하면 우리 무슬림에게 도움이 될까 하는 방향으로 학교의 법도 바꾸기를 원합니다. 그래서 정부나 지역 사회 지도자들에게 여러 가지 요청을 합니다. 제 친구 존은 아주 솔직하게 이 무슬림 친구들과 대화를 할 수가 있습니다. 존이 '당신들은 여기서 소수로 지금 살고 있는데도 이런 요청을 할 수가 있군요. 그렇지만 인도나 다른 기독교인들이 소수인 곳에서 당신들이 하고 있는 요구를 그들이 했다면 어떻게 되겠습니까?' 사실 이렇게 양쪽의 상황을 다 아는 중보의 역할을 할 수 있는 사람이 필요합니다. 요점은 세계가 어떻게 돌아가고 있는지 그 양상을 아는 세계적인 안목이 필요하다는 것입니다. 한국만 보지 마십시오. 사우디 아라비아에서 일어나고 있는 것만 보아서도 안됩니다. 전 세계의 상황이 어떻게 다른지 알아야 합니다.

두 번째로 우리는 이슬람에 대해 열심히 공부하고 알아야 한다는 것입니다. 우리는 여호와의 증인이나 통일교에 대해서도 알아야 합니다. 다른 종교인들이 무엇을 가르치는지 아는데 그렇게 많은 시간이 소요된다고 생각지는 않습니다. 그런데 이슬람을 이해하는 데는 많은 시간과 노력이 필요합니다. 왜냐하면 작은 이단 중 하나를 연구하는 것이 아니라 세계에서 몇 손가락 안에 드는 거대한 종교를 연구하는 것이기 때문입니다. 우리는 문명화된 것에 대해서는 역사에서 공부합니다. 그런 역사를 이해하는 데에도 많은 시간이 걸립니다. 템플 가드너라는 제가 존경하는 선교사는 이집트 카이로에 선교사로 갔던 분입니다. 그는 아랍어를 아주 잘했습니다. 심지어 아랍어로 시까지 쓸 수가 있었습니다. 그리고 무슬림과 공식적으로 토론도 했습니다. 카이로에서 몇 년간 일하다가 그는 안식년으로 미국에 가게 되었습니다. 그런데 그가 미국에서 공부하는 동안 맥도날드 박사에게 지도를 받게 되었습니다. 맥도날드 박사는 템플 가드너에 대해 이렇게 기록하고 있습니다. "템플 가드너는 미국에 왔을 때 무슬림과의 논쟁에서 이길 만한 논쟁점을 얻기 위해서 왔었습니다. 그는 논점을 다 알아서 무슬림을 패배시키기를 원했습니다. 그러나 저는 그에게 그런 자료를 주지 않았습니다. 저는 템플 가드너가 이슬람을 이해할 수 있도록 도와주었습니다. 저는 가드너가 무슬림의 마음 속을, 사고를 이해할 수 있도록 도와주려고 애썼습니다. 저는 그가 무슬림이 있는 곳에 함께 있을 수 있도록 도왔습니다." 가드너가 그의 사역을 하는데 있어서 이슬람을 연구하게 된 것은 매우 중요한 일이었습니다.

중동에서 여러 해 일했던 콘스탄드 패드이라는 선교사는 '무슬림들의 경건'이라는 책을 썼습니다. 그녀는 중동 전역을 여행했는데 서점에 가서 무슬림들이 사용하는 작은 기도 책자들을 사곤 했습니다. 이 선교사는 무슬림은 어떤 식으로 기도하는가를 이해하기 원했습니다. 그녀는 물론 무슬림이 아랍어로 기도한다는 것을 알고 있었고, 그 내용을 알고 싶었습니다. 그녀는 서점에서 산 조그만 기도 책자를 통해 무슬림이 어떻게 기도하는지를 알게 되었습니다. 그 결과 이 선교사는 무슬림을 잘 이해할 수 있게 되었습니다.

또 다른 선교사는 무슬림들의 다른 면을 연구했습니다. 빌 머스크라는 분은 민속 이슬람에 대해 깊은 연구를 한 분입니다. 보통 대학 교과서에서는 찾아볼 수 없는 이슬람의 일면을 보여주는 것이었습니다. 그것은 필리핀 마을에서도, 이집트에서도 실행되고 있는 실제적인 이슬람이었습니다. 빌 머스크는 이러한 이슬람에 대한 책을 썼고 또한 동시에 원리주의 이슬람에 대한 책도 썼습니다. 이슬람 원리주의란 무엇인가에 대한 이해를 돕기 위한 책이었습니다. 우리가 좀 더 이슬람에 대해 연구해야겠다고 생각한다면 이런 책들은 여러분들에게 도움이 될 것입니다. 이러한 연구는 무슬림들이 무슨 말을 하는지 이해하는데 도움을 줄 것입니다. 저는 무슬림들이 정기적으로 발간하는 잡지를 읽습니다. 무슬림이 무슨 생각을 하고 무슨 말을 나누는지 알고 싶기 때문입니다.

우리가 이슬람을 좀더 연구하게 되면 어떤 무슬림은 말과 행동이 다르다는 것을 알게 됩니다. 우리는 사담 후세인을 보고 쉽게 '무슬림은 저런 것이다'라고 말할 수 있지만 어떤 무슬림들은 사담 후세인이 하는 일은 이슬람의 좋은 예가 아니라고 말할 것입니다. 또한 우리는 쉽게 사우디 아라비아에서 외국 노동자들에게 하는 행동을 보면서 '저것이 무슬림이다'라고 말할 수 있지만 이것 역시 이슬람의 좋은 예가 아니라고 말합니다. 그들은 이슬람을 마땅히 해야 할 올바른 방식으로 행동하고 있지 않다고 말합니다. 우리가 이슬람에 대해 좀더 전체적인 이해를 하게 된다면 이슬람권에서 우리의 신앙을 나누는데 있어서도 좀 더 신중하고 지혜로울 수 있을 것입니다. 우리는 이들이 왜 예수님이 하나님의 아들이라는 것에 대해 믿지 못하는지, 예수님이 십자가에 죽으셨다는 것에 대해 믿지 못하는지 좀더 이해하게 될 것입니다. 우리가 이슬람을 공부한다면 우리는 이슬람의 최악의 면과 기독교의 최선의 면을 비교하는 우를 범하지 않을 것입니다. 대신에 우리는 기독교의 가장 좋은 것은 무엇인지, 이슬람에서 가장 좋은 것은 무엇인지 비교하게 되고, 또한 이슬람을 공부하면서 이슬람 안에도 굉장한 다양성이 있다는 것을 알게 될 것입니다. "무슬림은 전부 이렇게 생각한다. 이런 식으로 삶을 산다"는 등으로 천편일률적으로 생각하지 않게 될 것입니다. 제가 이슬람을 공부해야 된다는 요지를 이해하시겠습니까? 저는 이런 면에서 이슬람 연구소가 여러분 가운데 있다는 것에 대해 매우 기쁘게 생각합니다.

세 번째 우리가 생각해야 할 것은 정치적인 문제나 사회적인 문제에 있어서도 우리가 참여해야 할 필요가 있다는 것입니다. 최근 어떤 복음주의적인 잡지에 무슬림 전도에 대한 내용이 있었는데 거기에는 정치적인 면을 피하라고 말하고 있었습니다. 무슬림과 함께 정치에 대한 이야기는 피하라. 왜냐하면 이슬람은 정치와 종교가 매우 긴밀하게 연결됐기 때문입니다. 그러나 저는 이것에 대해 동의하지 않습니다. 여러분들이 이슬람을 공부하고 무슬림과 관계를 맺으려면 정치에 관한 문제를 논의하지 않을 수 없습니다. 제가 이미 나이지리아에 관한 말씀을 드렸습니다. 1986년에 그리스도인이 나이지리아에서 무척 심각한 문제에 봉착했습니다. 나이지리아에는 무슬림보다 그리스도인이 약간 많습니다. 그러나 그 당시 무슬림은 정부에서 강력한 영향력을 행사하고 있었습니다. 그런데 그때 정부내 무슬림은 이슬람 회의기구에 나이지리아가 가담할 것을 건의했습니다. 이 기구는 전 세계 무슬림의 연합 기구였습니다. 그리스도인들은 매우 분노하고 걱정하면서 정부에 대해 일어나야 한다고 생각했습니다. 그래서 교회 감독과 지도자들이 정부 지도자들을 만나러 갔습니다. 그리고 '어떻게 정부에서 이런 일을 비밀리에 하려고 하십니까?' 하고 따졌습니다. 그래서 정부는 은밀하게 하려던 기구에 가담하는 일을 취소해야만 했습니다. 바로 이것이 기독교인들은 정치에 참여해야 한다고 생각한 경우입니다.

또 다른 예는 수단입니다. 수단 남부에는 부족 종교와 기독교인이 주로 있고, 북쪽에는 대부분이 무슬림입니다. 북쪽의 무슬림 정부는 남쪽의 사람들을 다 이슬람화하려는 계획을 했습니다. 그래서 여러 해 동안 내란이 계속되었습니다. 최근에 앵글리칸 공동체의 최고 책임자인 켄터베리 감독이 수단의 수도 카르툼을 방문했습니다. 그때 그 주교는 인권에 대해 정부 지도자에게 강력한 발언을 해야겠다고 생각했습니다. 어떤 기독교인들은 수단의 문제가 유엔에서 좀 더 거론되기를 바랐습니다. 그래서 이런 갈등이 있는 곳도 있지만 다른 곳에서는 무슬림과 기독교인이 평화롭게 살고 있는 곳도 있습니다. 예를 들어 남아프리카에서는 기독교인과 무슬림이 함께 협력해서 인종차별 정책에 대항을 합니다. 대부분의 팔레스타인에 있는 기독교인들은 팔레스타인에 있는 무슬림에게 동정심을 갖고 있습니다. 같은 팔레스타인 사람으로서 그들은 동료 무슬림들이 갖고 있는 어려움에 대해 동감하는 것입니다. 그래서 많은 경우 팔레스타인에서는 기독교인들과 무슬림들이 협력하고 있습니다.

저의 세 번째 논지는 사회 문제나 정치 문제에 있어 우리가 외면할 수 없다는 것입니다. 물론 이런 문제들은 쉬운 것은 아닙니다. 왜냐하면 어떤 특정한 상황에서 공의가 요구하는 것은 무엇인가 하는 데에는 여러 다양함이 있을 수 있기 때문입니다. 그래서 우리에게 있어서 중요한 것은 그러한 문제에 있어서 단호함과 온유함의 균형을 어떻게 잡을 것인가 하는 것입니다. 때로 우리는 너무나 단호한 나머지 부정적이 될 수도 있습니다. 때로는 너무 관용적이어서 희미하게 될 수도 있습니다. 우리는 여기서 섬세한 균형을 필요로 합니다.

네 번째 우리가 해야 할 일은 대화를 하되 선교적인 사명감을 가지고 해야 한다는 것입니다. 제가 복음주의자들, 자유주의자들이라고 얘기할 때 여러분들이 이해하시기를 바랍니다. 저는 이런 말들이 상황에 따라 다른 의미를 줄 수 있다는 것을 이해하고 있습니다. 그러나 세계 많은 부분에서는 크게 봐서 복음주의자들과 자유주의자들의 두 그룹이 있는 것 같습니다. 때때로 보면 복음주의 그리스도인들은 전도와 선교에만 관심을 갖고 있는 것처럼 보이고, 자유주의자들은 대화에만 관심을 갖고 있는 것처럼 보이기도 합니다. 복음주의자들은 복음을 전해서 무슬림들이 회심하기를 바라고 자유주의자들은 단순히 무슬림과 대화하기를 원합니다. 그들은 무슬림들의 회심에는 별로 관심이 없습니다. 그저 상호간의 이해만 잘하면 된다고 생각합니다. 그들은 기독교인도 좀 더 나은 기독교인이 되고 무슬림도 좀더 나은 무슬림이 되면 된다고 생각합니다. 제가 이 문제를 아주 단순화시켜 말하는 것을 이해해 주시기 바랍니다.

제가 말씀드리고 싶은 것은 기독교인들은 대화와 선교적인 사명을 다 해야 한다는 것입니다. 제가 믿기로는 우리가 무슬림을 진정으로 이해하기 전에는 진정으로 복음을 전할 수 없다고 생각합니다. 여러분들이 기독교인이고 예수님이 여러분에게 정말 특별한 분이라면 무슬림과 대화를 하게 될 때 그 무슬림들에게 내가 예수님에 대해 믿고 생각하는 것에 대해 나누고 싶을 수 밖에 없을 것입니다. 그런데 복음주의 기독교인들은 대화를 하는 것에 대해 두려움을 가지고 그런 가능성을 제외시켜 버리는 경우가 있는 것 같습니다. 그런데 사실 우리 복음주의자들은 대화는 자유주의자들만 하는 것이라고 생각해서는 안됩니다. 반면에 자유주의자들은 예수님에 대해서 나누는 것에는 별로 관심이 없습니다. 제가 예를 하나 들어보겠습니다. 유럽에 있는 교회 공동체에서 발간한 보고서가 있었습니다. 그것은 유럽의 이슬람에 대한 것인데 거기에 있는 강조점은 단순히 무슬림으로부터 배우는 기독교인 하나뿐이었고, 기독교인이 무슬림과 무엇을 나누어야 하는 것에 대해서는 아무것도 없습니다.

다섯 번째로 우리가 해야 할 것은 복음의 능력에 대한 관심을 되찾는 것입니다. 제가 서구의 교회들을 바라볼 때 교회들은 이러한 복음의 능력에 대해서 확신을 많이 잃고 있는 것 같습니다. 그러나 어떤 면에서 가장 중요한 중추 신경의 감각을 잃고 있는 것 같습니다. 서구 교회들은 과거에 많은 실수를 했습니다. 우리는 그리스도의 이름으로 많은 죄도 범했습니다. 그래서 어떤 면에서 서구의 교회들은 많은 종류의 죄의식을 갖고 있습니다. 과거에 실수를 많이 저질렀기 때문에 이제는 더 이상 실수를 해서는 안된다고 생각합니다. 그리고 다시는 무슬림에게 다가가서 선교 사역을 해서는 안된다고 생각합니다. 그런 것을 볼 때 저는 마음이 아픕니다. 왜냐하면 그런 것은 우리 기독교인들이 복음의 능력에 대한 확신을 잃은 것이기 때문입니다.

최근에 일어난 일을 한가지 말씀 드리겠습니다. 중동에 있는 어떤 기독교 지도자들이 잘 알려진 무슬림 지도자들과 만나게 되었습니다. 한쪽에는 교회 감독들이었습니다. 그런데 이 교회 감독들은 유명한 무슬림 지도자들을 만나게 되었을 때 그들에게 꾸란을 주었습니다. 그런데 그때 무슬림 지도자가 교회 감독들을 책망했기 때문에 이들은 놀랐습니다. 그

지도자는 저는 무슬림이므로 꾸란은 이미 가지고 있습니다. 당신들은 기독교인인데 왜 당신들의 성경을 내게 주지 않습니까? 복음의 능력에 대해 자신감을 잃고 있는 한 예입니다. 제가 꼽은 다섯 가지에 대해 이해하시길 바랍니다. 이 다섯 가지는 모두 중요합니다. 저는 여러분 모두가 이 다섯 가지를 똑같이 다해야 한다는 것은 아닙니다. 여러분 모두가 이슬람의 세세한 부분까지 다 공부해야 한다는 것은 아닙니다. 여러분 모두가 다 정치, 사회적인 문제에 참여해야 한다는 것은 아닙니다. 그러나 기독교인으로서 무슬림을 대하는 사람으로서 우리가 이런 문제들에 대항하는 부분 부분이 다 있어야 한다는 것입니다. 그래서 저는 지금 이슬람에 대해서 우리 기독교인이 가져야 할 관점들에 대해 말씀드렸습니다. 저는 이 강의를 통해 실제로 기독교인이 이슬람에 대해서 어떻게 생각하고 있는지 말씀드리려고 했고, 기독교인으로서의 올바른 이해에 대해 말씀드리려고 했습니다.

Ⅲ.이슬람 문화와 세계관

뒤의 표 '이슬람에서 문화와 세계관 사이의 관계(What is the relationship between culture and world-view in Islam)' 는 무슬림이 이 세계를 보는 방식을 설명해 주고 있습니다. 다른 문화와 다른 종교, 다른 지역에 살고 있는 사람들이 이 세상을 보는 눈은 다양합니다. 그런 의미에서 이 표는 서로 다른 족속들의 문화와 세계관의 차이를 보여주는 지도와 같다고 할 수 있습니다. 이 표의 가장 중심에 있는 것은 가장 근본적인 것을 보여주고 있습니다. 즉 어떤 사람들의 문화와 종교를 이해하려고 할때 이 네 가지 영역을 보면 그들의 생각을 알 수 있습니다. 무슬림은 이 표의 첫번째 구역에 해당하는 신에 대한 이해에 있어 하나님은 매우 실제적인 분이시라는 개념을 가지고 있습니다. 그들은 눈에 보이지 않는 세계에 대한 진정한 믿음을 가지고 있습니다. 무슬림들은 좋은 영과 나쁜 영이 있음을 믿고 있으며 영에 관한 존재를 믿는다는 점에서 무슬림과 기독교인들은 매우 가깝게 느낄 수 있습니다. 그러므로 무슬림들에게는 하나님 존재를 확신시킬 필요가 없는 것입니다. 두 번째로 세계관의 영역에 있어서 무슬림은 우주, 자연세계에 대해 기독교인과 매우 유사한 생각을 가지고 있습니다. 무슬림 역시 하나님은 창조자이시고 하나님과 자연세계와는 깊은 관계가 있다고 믿습니다. 다음으로 인류에 대한 생각에 있어서도 인간은 하나님에 의해 창조되었고 따라서 인간은 하나님 앞에서 책임이 있다고 믿는다는 점에서 무슬림은 우리 기독교인과 같은 생각을 가지고 있습니다. 또한 시간의 개념에 있어서 유대교와 기독교, 이슬람은 모두 일직선적인 시간 개념을 가지고 있습니다. 즉 시간에 대한 역사적 개념을 가지고 있으며 역사에는 시작이 있고, 종말을 향해 움직이고 있다고 생각합니다. 반면에 힌두교도들은 시간에 있어 윤회적인 개념을 가지고 있습니다. 이와 같이 뒤 표의 가장 가운데 것은 어떻게 사람들이 세상을 보고 있는가에 대한 기본 개념을 보여주고 있습니다.

두 번째 구역은 '무슬림이 어디에 가치를 두고 깊은 관심을 나타내는가, 가장 중요한 것이 무엇인가'에 대한 것이 나와 있습니다. 무슬림들의 경우 꾸란은 하나님의 뜻 가운데 주어진 최종적인 지시라고 믿고 있습니다. 무슬림들의 신조는 한마디로, 하나님 외에는 신이 없고, 무함마드는 하나님의 마지막 사자라는 것입니다. 이슬람의 매력적인 면은 이렇듯 신조가 짧고 간단하다는 것입니다. 그들은 기독교인들에게 "당신들은 뭘 그렇게 복잡하게 믿습니까? 하나님도 셋이나 되고, 하나님이 인간이 되어 땅에 내려왔다든가, 속죄 등의 개념은 아주 복잡하고 어렵습니다. 신학 공부하느라 시간도 많이 듭니다."라고 말합니다. 두 번째 것의 시간 영역에는 '하나님은 마지막 심판의 주관자이시다'라고 씌여 있습니다. 무슬림들은 하나님은 마지막 심판을 하시는 분이시라는 확실한 개념을 가지고 있습니다. 또한 무슬림은 지하드를 믿습니다. 즉 하나님이 이 세상을 통치하시도록 투쟁해야 한다는 것입니다. 만약 경건한 무슬림이라면 이 세상에 사는 동안 이슬람의 전파를 위해 싸워야 하는 것입니다. 이것이 무슬림이 가지고 있는 근본적인 가치관 중의 하나입니다. 두 번째 구역의 인류 영역에는 '무함마드는 인류를 위한 모델'이라고 나와 있습니다. 무함마드는 570년에 탄생했고, 꾸라이쉬 부족이었고, 태어나기 전에 아버지가 돌아가셨으며, 6년 후 어머니도 돌아가셨습니다. 그래서 할아버지와 아부 딸립이라는 삼촌 밑에서 자라났습니다. 592년경 무함마드가 22살이 되었을 때 상업하는 사람들과 함께 시리아로 여행을 하게 되었습니다. 무역로는 메카로부터 해안을 따라 다마스커스까지 이어져 있었습니다. 꾸란에 나오는 말은 아니지만 무슬림들에게 전해져 내려오는 말에 의하면 이런 여행 중에 한번은 시리아 기독교인 중 수도사 한명을 만났다고 합니다.

　무슬림들은 무함마드가 글을 읽지도 못하고 쓰지도 못했다고 믿고 있습니다. 무함마드가 살았을 때 성경은 아랍어로 번역되어 있지 않았습니다. 그래서 예수에 대한 이야기나 구약의 이야기를 다른 사람을 통해 들었을 가능성이 있습니다. 무함마드가 25세가 되었을 때 40세인 부자 과부 카디자와 결혼하여 그녀의 무역사업을 함께 돕게 되었습니다. 살만 루시디가 쓴 '악마의 시'의 내용 중에는 무함마드를 비웃는 내용이 있습니다. 25세인 남자가 40세인 여성과 결혼했으니 참 웃기는 일 아닌가? 하는 식으로 썼던 것입니다. 이런 내용에 대해 무슬림들은 매우 격렬하게 반응했습니다. 610년 무함마드는 선지자로서 첫 부름을 받았습니다. 당시 무함마드는 40세였습니다. 저는 무함마드가 처음에는 정말 하나님을 찾는 구도자였다고 생각됩니다. 전설에 의하면 히라라는 동굴에 가서 묵상을 하곤 했다고 합니다.

　무슬림들은 무함마드는 선지자이고 그 이상은 아니지만 어떻게 인간이 살아야 하는가에 대한 모델이 된다고 믿습니다. 그렇기 때문에 많은 무슬림은 삶의 작은 면까지도 무함마드의 행동을 본받고자 합니다. 어떤 무슬림은 무함마드의 턱수염 길이와 똑같이 턱수염을 기르고자 하고, 무함마드가 이를 닦았던 방법까지 배우려고 합니다. 모든 면에서 선지자 무함마드와 똑같이 하기를 원하는 것입니다. 무함마드가 인류의 모델이라는 것은 무슬림에게 있어서 매우 중요한 가치관입니다. 무슬림들의 기본적인 가치관을 보면서 그들이 세상을 이해하는 법을 알 수 있습니다.

다음으로 세 번째 구역은 무슬림들이 가장 중요하게 여기는 것을 보여주고 있습니다. 그것은 상징과 언어에 대한 것으로 꾸란이 아랍어로 계시되었다는 것은 그들에게 매우 중요합니다. 꾸란이 아랍어로 계시되었기 때문에 무슬림들은 아랍어를 아는 것을 매우 중요하게 생각하고, 아랍어를 천국의 언어로 여깁니다. 하루에 다섯 번씩 기도할 때 반드시 아랍어로 말해야 합니다. 예술에 있어서도 인간의 형상을 그리거나 말하지 않습니다. 사우디아라비아에 가보면 횡단보도의 표시등에서도 사람의 얼굴과 몸을 분리해서 그림으로써 사람의 형상을 그리는 것을 피하고 있습니다. 또한 아랍어 서체가 중요합니다. 그림을 그리고자 할때는, 굉장히 예술적인 재능이 있다면 아랍어 글씨를 아름답게 쓰는 것으로 나타냅니다. 또한 예배 때는 아무 음악도 사용하지 않습니다. 모스크에서는 노래를 하는 법이 없습니다.

네 번째의 구역은 이슬람의 체제(제도)에 대한 것을 보여주고 있습니다. 이슬람국가는 반드시 이슬람적이어야 한다고 그들은 생각합니다. 또한 무슬림은 반드시 이슬람국가에서 살아야 합니다. 무슬림은 무슬림들 가운데서 그리고 꾸란에 근거한 법률을 지키는 곳에서 살아야 합니다. 따라서 한국에 있는 3만 5천여명의 무슬림들은 현재 매우 이상한 환경에서 살고 있는 것입니다. 유럽에 사는 무슬림들도 마찬가지 입니다. 그들이 공동체에 대해 어떤 생각을 갖고 있는지 이해하는 것이 필수적입니다.

이슬람은 일가 친척뿐아니라 모든 무슬림 공동체를 매우 친밀하게 여깁니다. 이러한 무슬림 공동체를 그들은 움마라고 부릅니다. 기독교에 있어서 교회의 개념과 가장 유사한 것이 움마의 개념입니다. 무슬림에게는 한 무슬림 공동체에 속해 있다는 것이 매우 중요합니다. 어떤 무슬림들은 어느 나라에 속해 있는가 보다 어느 움마에 속해 있는가를 훨씬 더 중요하게 생각합니다. 한국인이라는 것보다는 무슬림 움마에 속해 있다는 것이 더 중요한 것입니다. 네 번째 구역에서 가족, 사회 생활, 경제, 정치, 건강, 교육 등의 단어를 찾아 볼 수 있습니다. 이것은 삶의 모든 것이 이슬람의 지배를 받는다는 것을 의미하는 것입니다. 그들은 교회와 국가를 분리하지 않습니다. 그들은 종교가 생활의 일부가 아니라 삶의 모든 것이기 때문입니다. 사실 우리 기독교도 종교와 생활을 분리해서는 안된다고 생각합니다. 삶의 통일된 관점이 우리에게 필요한 것입니다. 삶의 모든 것은 주 예수 그리스도의 주권 밑에 와야 합니다. 움마에 대해 이해할 때 무슬림이 이슬람 신앙을 버리고 다른 신앙을 받아들일 때 그 무슬림은 가정과 움마와 국가로부터의 분리를 의미하기 때문에 그들에게 있어서 회심은 단순히 종교를 바꾸는 문제가 아닙니다. 그것은 국가와 사회에 대한 배반을 의미하는 것입니다. 그래서 무슬림이 기독교인이 될 때 다른 무슬림들은 그를 죽이려고 합니다. 전쟁이 일어났을 때 어떤 사람이 싸우려 하지 않거나 반대 편에 가입하면 그것은 배반을 한 것이고 따라서 그를 죽여야 한다고 생각합니다. 이런 개념이 회심한 무슬림에 대해 갖는 개념입니다. 맨 마지막 원은 관습과 소산을 보여 주고 있습니다. 여기에는 이슬람의 다섯 기둥 중 네 가지가 나와 있습니다. 기도를 하루에 다섯 번씩하고 라마단 기간 중 금식하고, 구제하고, 메카를 순례하는 것이 이에 해당합니다.

뒤의 표는 무슬림이 생각하는 가장 중요한 세계관을 나타내고자 한 것입니다. 그 중에서 중요한 것이 문화입니다. 한국의 무슬림은 영국의 무슬림과는 다른 생활 양식을 가지고 있습니다. 그러나 무슬림들은 무슬림이라는 이유만으로 서로를 향해 깊은 형제애를 갖습니다. 다양한 문화 속에서도 이슬람 문화 속에는 서로간의 문화를 맺어주는 무엇인가가 있는 것을 기억해야 합니다.

〈표〉

◁ 이슬람에서의 문화와 세계관 간의 관계 ▷

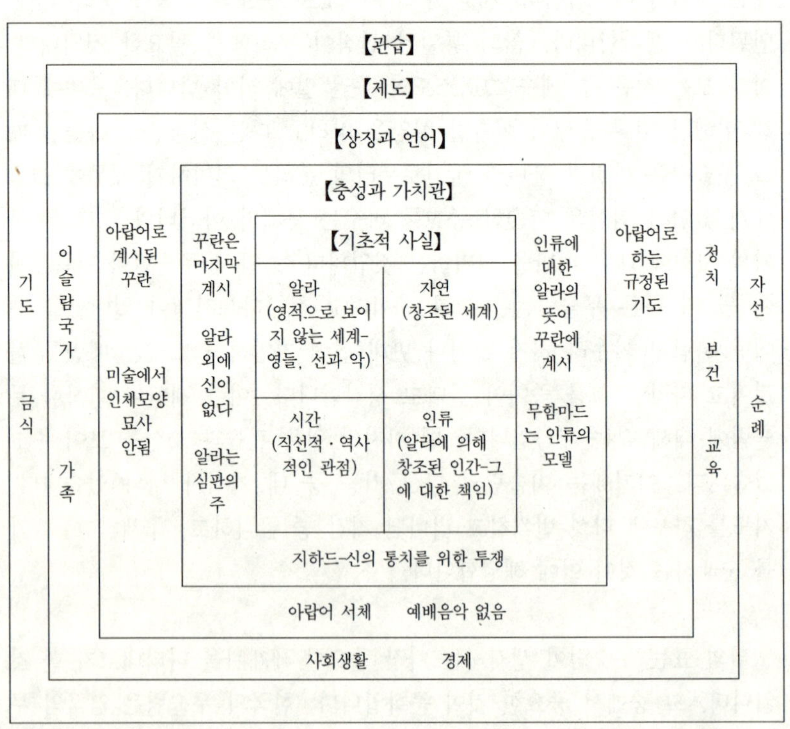

Ⅳ.기도하는 무슬림

끝으로 기도하는 무슬림에 대해 살펴보고자 합니다. 먼저 기도로의 부름에 대해 설명하렵니다. 아랍어로는 기도에의 부름을 아잔이라고 합니다. 이슬람 국가에서는 "알라후 아크바르(하나님은 위대하신 분이시다)"라는 기도에로의 부름이 시작되고 "기도하러 오라"는 말이 이어집니다. 처음에 제가 이집트에서 미나렛(모스크 첨탑)에서 울려 나오는 이 아잔 소리를 들었을때 그 의미를 알지 못하고 끔찍한 소음으로만 들렸습니다. 그것은 매우 이상하고 낯선 것이었고 새벽 5시에 일어나는 것도 싫었습니다. 그러나 제가 아랍어를 배우면서 그 의미를 이해했을 때 저는 그것이 "기도하러 오라"고 부르는 소리임을 알게 되었습니다. 그러면 저도 기도해야겠다고 생각했습니다. 미나렛에서 부르는 아잔을 들을 때마다 듣기싫은 소리라기 보다는 '아! 내가 기도해야 할 시간이구나' 하고 생각하기 시작했습니다. 무슬림과 함께 그들을 위해서 기도하는 시간으로 사용하기 시작했습니다. 저는 그들과 함께 기도하기를 원했고 그들을 위해서 기도하기 원했습니다.

여기서 '쌀라(salah)'와 '두아(du'a)'의 차이점을 이해하는 것은 도움이 될 것입니다. 쌀라는 아랍어로 된 기도문으로서 무슬림들이 의무적으로 해야 하는 기도입니다. 두아는 내가 내 말로 개인적으로 하는 기도를 말합니다. 아기가 아플때 엄마가 하는 기도는 자신의 나라 말로 개인적으로 하는 기도입니다. 그러나 공식적인 기도는 아랍어로 해야만 하는 것입니다.

중동에 살면서 아랍어를 말하는 많은 기독교인들은 아잔을 좋아하지 않습니다. 라디오나 TV에서 아잔이 나오면 꺼버립니다. 그때 저는 슬픔을 느낍니다. 그것은 상대방에게 귀를 기울여주는 것의 문제입니다. 최근에 기독교인 학자에 의해 쓰여진 이슬람에 관한 좋은 책자 중 하나는 케네스 크래그라는 학자가 쓴 것인데 그는 성공회 교회의 감독이셨고 중동에 여러 해 살면서 이슬람을 공부한 분입니다. 그 분이 쓴 첫 책은 "미나렛에서의 부름"이라는 것이었습니다. 그 주요 메세지중 하나는 우리 기독교인들은 미나렛에서 하는 그 부름의 소리가 무엇인지 들어야 한다는 것입니다. 개경장은 무슬림이 하루에 다섯 번씩 기도할 때 하는 기도의 일부분입니다. 우리가 가지고 있는 주기도문과 가장 유사한 것이라고 할 수 있습니다. 개경장의 내용을 함께 보도록 하겠습니다.

"자비로우시고 자애로우신 알라의 이름으로 온 우주의 주님이신 알라께 찬미를 드리나이다. 그분은 자애로우시고 자비로우시며 심판의 날을 주관하시도다. 우리는 당신만을 경배하오며 당신에게만 구하나니 저희들을 올바른 길로 인도하여 주시옵소서. 그 길은 당신께서 축복을 내리신 길이며 노여움을 받은 자나 방황하는 자들이 걷지 않는 가장 올바른 길이나이다."

이 기도를 보면서 무슬림들이 가장 많이 생각하는 것이 무엇이라고 생각되십니까? 이 기도가 표현하고자 하는 것이 무엇일까요? 알라에게 무슬림들은 무엇을 말하고 있는 것입니까? 이 기도는 하나님께 경배드리는 기도입니다. 또한 하나님 앞에 복종하는 기도라고 볼 수 있습니다. 당신 한 분만을 경배한다고 표현하고 있습니다. 꿇어 엎드려서 이마를 땅에 대고 무슬림들은 이 기도를 합니다. 성공회 교회에서는 실제로 무릎은 꿇고 엎드려서 기도를 드립니다. 때때로 홀로 있을 때 여러분도 무릎을 꿇고 엎드려 기도드릴 때가 있을 것입니다. 무릎을 꿇고 이마를 바닥에 댈 때 여러분은 어떤 느낌이 듭니까? 무슬림들이 꿇어 엎드려 이마를 땅에 대고 기도할 때 그것은 저의 삶, 저의 모든 것, 내 자신을 드린다는 것을 의미하는 것입니다. 저의 모든 것, 저의 전 영역이 주님 앞에 꿇어 엎드려 복종한다는 의미인 것입니다. 저의 자존심, 저의 개성까지도 주님앞에 굴복합니다. 이슬람이라는 말 자체가 '순복, 굴복'이라는 뜻입니다. "우리는 당신만을 경배합니다. 그리고 우리는 당신께 와서 도움을 구합니다"라고 고백하고 있습니다. 우리 모든 문제에 당신이 도움을 주시고, 우리를 인도해 달라고 기도하고 있습니다. 여기의 주요 요소는 찬양과 경배와 순복, 주님의 인도입니다. 이 기도의 내용 중 기독교인으로서 거부해야할 내용이 있다고 생각되십니까? 그러한 내용이 없다는 것을 볼때 약간 놀랍지 않습니까?

노여움을 받는 자나 방황하는 자들은 어떤 사람을 지칭한다고 생각되십니까? 무슬림들의 말에 의하면 노여움을 받는 자는 유대인을 말하고 있고, 방황하는 자들은 기독교인이라고 합니다. 그들이 말하는 올바른 길은 이슬람을 의미하는 것이고, '그 올바른 길로 저를 계속 인도해 주십시오. 저를 유대인이나 기독교인과 같은 길을 가지 않도록 해 주십시오' 라는 뜻인 것입니다. 무슬림들의 이러한 기도를 공부하는 의미가 무엇이겠습니까? 이슬람의 낯섬, 어색함, 이상함을 극복하도록 도와준다고 생각합니다. 가끔 우리가 기독교 잡지를 보면, 수백 수천명의 무슬림들이 꿇어 엎드려 기도하고 있는 모습을 볼 수 있습니다. 이런 모습을 보면서 기독교인들은 이상한 자세로 기도하는 불쌍한 사람들이라고 생각할 수 있습니다. 그러나 우리가 그들이 하는 기도의 내용을 이해할 때 그렇게 이상하고 괴팍한 것이 아니라는 것을 알게 됩니다. 저는 이슬람과 기독교간에 차이가 전혀 없다고 이야기하는 것이 아니라, 이 두 신앙 사이에서 공통점을 발견하고 거기에서부터 시작하려는 것입니다. 어떤 기독교인들은 이슬람은 사단이 시작한 종교이고, 이슬람의 이런 이런 점이 잘못되었고, 그래서 우리는 이 흑암에 있는 자들에게 복음을 가지고 가야겠다는 식으로 접촉점을 가지려는 사람들이 있습니다. 그러나 저는 이런 자세보다는 공통적인 부분부터 시작하는 것이 좋다고 생각합니다. 무슬림들에게 당신들은 틀렸고, 내가 어떤 부분이 틀렸는지 보여주겠다는 식으로 대하는 것보다는 한 인격체로서 존중하면서 나가는 것이 중요합니다. 무슬림과 함께 앉아서 대화하고, 그들의 감정을 이해하고, 무슬림들이 세계를 보는 눈으로 저도 세계를 보려고 노력합니다. 그들이 갖고 있는 신앙을 이해함에 따라 그들도 저의 신앙을 이해하고자 하는 마음을 열 것이라고 생각합니다. 이슬람을 이해하려는 것은 무슬림의 기도를 이해하는 것에서 시작할 수 있습니다. 무함마드의 생애와 사상에서부터 이해를 시작할 수도 있겠지만, 제 생각에는 기도, 즉 영적인 수준에서부터 이해하는 것이 더 좋다고 생각합니다.

V. 꾸란과 민속 이슬람

꾸란과 민속 이슬람에 대해서는 다음 네 가지로 나누어 이야기하고자 합니다. 첫째는 무함마드는 문맹이었는가? 하는 문제입니다. 무슬림들이 무함마드가 문맹이라고 말하는 근거는 꾸란에서 발견됩니다. 그 말은 움미(Ummi)라고 하는데 무슬림은 무함마드가 문맹자였다는 사실은 꾸란이 매우 기적적인 것임을 증명해 준다고 생각합니다. 읽지도 쓰지도 못하는 사람이 어떻게 그렇게 아름다운 시적인 글을 쓸 수 있었는가! 무함마드는 유대인들에게 히브리어로 씌여진 구약을 읽는 법을 배우지도 않았고, 기독교인들에게 신약을 읽는 법을 배우지도 않았으므로 꾸란에 있는 모든 것들은 하나도 빠짐없이 하나님이 직접 주신 것이라고 무슬림은 말합니다. 그래서 무슬림들은 이것이야말로 꾸란이 하나님으로부터 온 증거라고 말합니다. 무함마드는 문맹자였지만 하나님으로부터 말씀을 받을 수 있었다는 것입니다.

그러나 서양 학자들은 이슬람적인 움미(Ummi)의 해석에 대해 의문을 제기합니다. 그들은 움미란 무함마드가 자신을 경전을 가지고 있지 않은 자들을 위한 선지자로 여겼다는 것을 뜻한다고 말합니다. 저는 이 의견이 매우 중요하다고 생각합니다. 여러분은 상황화라는 말이 익숙할 것입니다. 무함마드는 어쩌면 아랍인들에게 상황화된 메시지로서 유일신을 전했던 것은 아닐까요? 유대인들은 히브리어로된 자신들의 경전을 가지고 있었지만 아랍인들은 유대인들과는 다른 사람들이었습니다. 아랍 전역에는 아비시니아, 이집트, 로마 제국, 이집트, 시리아, 팔레스타인 등에 기독교인들이 있었습니다. 아마 무함마드는 근본적으로 유대교와 기독교는 한 종교라고 생각했는지도 모릅니다. 그래서 무함마드는 이슬람은 이 유일신에 대한 것을 아랍적으로 전하는 것이라고 생각했는지 모릅니다. 유대교는 유대족속을 위한 종교로 보여졌고, 기독교는 이방종교로 생각되었습니다. 메카에는 기독교인들이 개인적으로 흩어져 있었습니다. 무함마드에게는 기독교인 부인도 있었습니다. 기독교인 중 이슬람으로 개종한 아랍인도 있었습니다.

그러나 여전히 기독교는 무함마드에게 있어서 이방적인 종교였습니다. 그래서 무함마드는 아랍인들에게 아랍어로된 하나님의 말씀을 전하고자 했던 것입니다. 기독교인들은 때때로 그 당시 이집트나 이디오피아에 성서공회가 있었으면, 혹은 성서번역 선교사가 있었으면 좋았을 것이라며 아쉬워합니다. 왜 그 때 기독교인들은 아랍어로 구약성경을 번역하지 않았을까? 사실 아비시니아에서 아랍까지는 그렇게 먼 길이 아니었는데 말입니다. 아마 그 당시 아랍어로 성경이 번역되어졌다면 이 세계는 많이 달라졌을지도 모릅니다. 그러나 그런 일은 일어나지 않았습니다. 여기서 중요한 것은 문맹자였던 무함마드가 아랍인들에게 아랍어로된 경전을 주었다는 것입니다. 제 개인적인 생각으로는 무함마드가 읽거나 쓸줄 알았을지도 모른다고 생각합니다. 그가 무역상인이라면 최소한도 계산하고 읽고 쓸줄 알아야 하지 않았을까요?

그런데 사실 그것은 그렇게 큰 일이 아닙니다. 여기서 중요한 것은 무슬림들이 무엇을 믿는가 하는 것입니다. 이제와서 무함마드가 문맹자가 아니었다고 주장하는 것은 중요치 않습니다. 무슬림들이 그렇게 생각하고 있다는 것이 중요하고 또 그것을 인정해 주는 것이 중요합니다. 기독교인이 아닌 자들이 우리보다 성경에 대해 더 많이 아는 것처럼 말하는 것을 볼 때 우리는 어려움을 느낄 때가 있습니다. 마찬가지로 무슬림들이 자신들의 신앙을 말하는 것을 그대로 받아들여 주는 것에서 시작하는 것이 좋을 것입니다.

두 번째 질문은 꾸란은 어떻게 쓰여졌고 수집되어졌는가 하는 것입니다. 무함마드가 계시를 받아서 낭송하는 식으로 다른 사람들에게 얘기했다는 것입니다. 어떤 무슬림들은 메카 시절부터 그 내용들이 모아져서 쓰여졌다고 믿는 사람들도 있습니다. 메디나 시절에 무함마드는 서기들을 사용했을지도 모른다고 말하기도 합니다. 그래서 그 다음 무함마드가 죽은 후에 수라들을 모아 아부 바크르가 칼리파였을 때 그것을 수집했다고 말합니다. 꾸란을 외웠던 자들이 전쟁터에서 죽임을 당하는 일이 일어나자 사람들을 걱정했습니다. 꾸란을 외우는 사람들이 전쟁에서 다 죽으면 어떻게 할 것인가? 그래서 칼리파 아부 바크르는 수라들을 다 모아 그것이 기록되도록 했습니다. 그것이 완성된 것은 우마르 칼리파때였다고 생각됩니다. 어떤 무슬림들은 무함마드가 죽기 전에 이미 수라들을 모으기 시작했다고 합니다.

그 후 칼리파 오스만때 또 문제가 제기되었는데 그것은 여러 구절들을 한데 모아놓고 보았을 때 그곳에 차이가 드러나는 것이 있었습니다. 다른 단어가 사용되거나 모음이 약간 다른 사본들이 있었습니다. 그래서 그들은 이런 사실이 앞으로 큰 문제를 야기시킬 것으로 생각하여 메디나에서 사용하던 꾸란 사본을 택하고 다른 것들은 모두 불태워 버렸습니다. 오늘날 무슬림들은 꾸란은 처음부터 한 가지였고 그것만이 전해져 왔다고 말합니다. 그러나 우리는 그것이 사실이 아님을 압니다. 좀 더 일찍 나온 주석을 보면 단어들이 다른 것이 있었다는 말이 나오기 때문입니다.

그리스어로 신약을 공부해 보면 원문과 의미가 약간 다르게 번역된 것들이 있음을 알게 됩니다. 물론 대부분 그 차이는 매우 미미한 것입니다. 성경에 보면 대부분 아랫부분에 그 차이점들이 기록되어 있고 우리 기독교의 일반 신자들은 그 차이점에 대해 별 관심을 기울이지 않습니다. 학자들은 자유롭게 연구하면서 어느 것이 더 믿을 만한 원본인가를 연구합니다. 그러나 꾸란의 원문에 대한 논란은 전혀 없습니다. 그들은 다른 사본들을 모두 불태워 버림으로써 그런 논란의 가능성을 배제해 버렸습니다.

세 번째 질문은 과연 꾸란은 번역될 수 있는가 하는 것입니다. 수 세기 동안 무슬림들은 꾸란은 번역될 수도 없고 번역되어서도 안된다고 말해 왔습니다. 그러나 최근에 이르러 꾸란은 여러 다른 언어로 번역될 수 있다고 인정하고 있습니다. 그러나 번역된 꾸란은 꾸란이 아니고 꾸란의 번역일 뿐입니다. 꾸란은 아랍어로 된 꾸란만이 존재합니다. 사우디 아라비아에서는 여러 다른 언어로 꾸란이 번역되고 있습니다. 무슬림 선생들이 공인한 해석판도 있습니다. 그러나 번역된 꾸란은 진짜 꾸란이 아니라고 말합니다. 그것은 꾸란 해설이라고 불립니다. 꾸란을 공부하고자 한다면 반드시 아랍어로 된 꾸란을 연구해야 합니다. 만약 무슬림 학자가 시골에 가서 꾸란에 대해 가르치고자 한다면 그는 꾸란을 배우는 학교를 만들고 처음에는 아랍어부터 가르쳐야 합니다. 아랍어로 기도하고 아랍어로 꾸란을 읽기 위해서 입니다. 이러한 상황 속에 선교사로 간다면 어떻게 할 수 있습니까?

우리는 성경을 현지어로 번역하기를 원합니다. 이슬람과 기독교간의 중요한 두 차이점이 보입니까? 여러분은 한국말 성경을 성경으로 믿습니다. 우리에게 자신을 전달하실 수 있는 하나님의 능력을 우리는 믿고 따라서 성경이 여러 나라 말로 번역될 수 있다고 믿습니다. 또한 실제로 알라의 의도를 우리는 번역판 성경을 통해 알 수 있습니다. 그러나 무슬림들에게는 아랍어 자체가 매우 중요합니다. 아랍어는 바로 알라의 언어 입니다. 무슬림들은 창조 이전부터 꾸란은 알라과 함께 있었다고 믿습니다. 우리가 생각할 때 어떻게 꾸란이 영원할 수 있는지 의아스럽습니다. 그 계시는 특정한 시기에 무함마드에게 내려진 것 뿐인데, 어느 구절에는 어느 여인과 결혼하라는 내용까지 있는데 어떻게 그런 말씀들이 창세

전부터 하나님과 함께 있었다고 믿을 수 있습니까? 우리 기독교인들은 그런 사실들이 무슬림들에게 신학적 문제를 제기할 것이라고 생각합니다

넷째는 어떻게 무슬림들이 꾸란을 깊이 해석하는가 하는 문제입니다. 무슬림들에게 있어서 특정한 구절이 주어진 상황을 이해하는 것이 중요합니다. 성경 역시 언제, 누구를 위해, 어떻게 씌여졌는지 이해하는 것이 중요합니다. 선지자 아모스는 아모스서를 누구에게, 어떤 상황에서 썼는가? 사도 바울은 어떤 상황에서 빌레몬서를 썼는가? 하는 식으로 무함마드가 그 구절을 받았을 때 구체적인 상황이 어떠했는가가 중요합니다.

몇가지 예를 들어보고자 합니다. 꾸란에는 기독교인에 대해 긍정적인 구절이 있고, 호소하거나 논쟁하거나 비판적인 구절이 있고, 적대적인 구절도 있습니다. 먼저 꾸란 2장 62절을 보면 '(꾸란)을 믿는 자들이나 (구약)을 믿는자들이나 (천사들)을 믿는 사비인들이나 하나님과 내세를 믿고 선행을 행하는 자에게는 주님의 보상이 있을 것이며 그대들에게는 두려움도 슬픔도 없을 것이다.'라고 나와 있습니다. 이 구절은 기독교인들에 대해 매우 긍정적입니다. 다음으로 5장 85절을 보면 '그대는 믿는 신앙인들에게 대적하는 이들을 유대인과 이교도들 가운데서 발견하리라. 또한 그대는 '우리는 기독교인들이요'라고 말하며 믿는 신앙인들에게 사랑을 표시하는 그들을 발견하리니 이는 오만하지 아니하는 성직자들과 배움에 열중하는 학자들이니라'고 나와 있습니다. 이 구절에 의하면 무슬림의 가장 큰 적은 유대인이고, 무슬림과 가장 가까운 사람은 기독교인이라는 것입니다. 그 이유로 오만하지 않은 성직자들과 배움에 열중하는 학자들을 들고 있습니다. 이것은 무함마드가 그 당시 매우 좋은 기독교인들을 만났고 그들에게서 감동을 받았다는 것을 보여줍니다. 다음으로 86절을 보면 그들이 선지자에게 계시된 것을 들을 때 그들의 눈에서 눈물이 흘렀다고 나와 있습니다. 무함마드가 말하는 진리를 듣고 눈물을 흘렸다는 것입니다. 이러한 구절들은 기독교인들에게 매우 긍정적인 모

습을 보여줍니다. 이런 구절을 무슬림들이 해석하려고 할 때 그들은 무함마드가 생애에서 어떤 단계에 있을 때 이런 구절들을 받았을까?라고 질문합니다. 이러한 구절은 무함마드가 이디오피아에 피난해 있을 때 받은 구절일 것이라고 생각합니다. 이것은 꾸란에 있는 어떤 구절을 가지고 무슬림들이 어떤 원리를 만들어 낼 수는 없음을 의미합니다.

다음으로 비판적인 구절을 살펴보도록 하겠습니다. 꾸란 5장 156-159절을 보면 예수님의 죽음에 대한 가장 중요한 구절이 나와 있습니다. 예수님은 십자가에 못박히지 않았다고 나옵니다. 157절에는 유대인과 기독교인들을 '성서의 백성들'이라고 표현하면서, "너희들의 종교에 대해 너무 과장하지 말라. 진리 외에는 알라에 대해 아무 것도 말하지 말라. 마리아의 아들인 예수는 오직 알라의 심부름꾼일 뿐이다. 마리아에게 전해졌던 말씀일 뿐이다. 알라와 그의 사도들을 믿고 그리고 셋이라고 말하지 말라. 알라는 오직 한 하나님이다."라고 말하고 있습니다. 이것은 무함마드가 기독교인들에게 전해 줄 말씀을 받았고, 그들과 논쟁할 말을 받았다는 것을 의미합니다. 꾸란에서 우리(We)라는 말이 발견될 때마다 그것은 하나님을 말하는 것입니다. 하나님이 우리라는 표현을 사용하고 있습니다. "우리가 이것을 가르쳤다. 우리가 모세에게 이렇게 했다." 여기서 기억할 것은 기독교인들이 하는 말에 대해 알라는 무함마드에게 어떻게 반응해야 하는지를 말해 주었다는 것입니다.

꾸란 5장 51절을 보면 "너희 무슬림들아, 유대인이나 기독교인을 친구로 삼지 마라. 그들은 서로간에는 친구이다. 만일 너희가 그들을 친구로 삼는다면 너희도 같은 사람들이다." 유대인과 기독교인들에게 친절하게 하지말 것을 이 구절은 말하고 있습니다. 또 9장 29절에는 "알라를 믿지 않거나 최후의 심판 날을 믿지 아니하는 자들에 대항해서 싸워라. 그들이 기꺼이 세금을 낼 때까지 싸워라." 여기서 유대인과 기독교인들이 매우 낮아져서 세금을 낼 때까지 싸우라고 꾸란에는 나와 있습니다. 딤마 제도에 대한 것을 보여 주고 있는 구절입니다. 이슬람 제국 당시에 무슬림 통치하의 기독교인들은 세금을 내야했고, 그럴 때에만 보호를 받을 수 있는 상황이었습니다. 무슬림들이 꾸란을 해석하는데 있어서 어떻게 하는가를 볼 수 있습니다. 중요한 원칙은 꾸란의 구절을 무함마드가 언제 어떤 상황에서 받았는가 하는 것이 중요하다는 것입니다.

이제 민속 이슬람에 대해 살펴보고자 합니다. 이슬람이 실제 행해지는 것에 대해 살펴보겠습니다. 민속 이슬람에 대해 신중하게 받아들이는 것이 필요합니다. 만약 한국의 대학에서 이슬람에 대해 배운다면 정통 이슬람에 대해서만 배우기가 쉽고 민속 이슬람에 대해서는 아무 얘기도 듣지 못할 확률이 높습니다. 그러나 실제로는 민속 이슬람이 이슬람의 심장부라고 할 수 있습니다. 다섯 가지로 나누어 말하려고 합니다. 첫째로 마술적인 행위들입니다. 때로는 목에 부적을 매기도 하고, 악령들을 몰아 내고자 하는 행운의 부적을 달기도 합니다. 파키스탄이나 다른 여러 나라에서 실행되고 있습니다. 선한 영, 악한 영들이 있음을 믿기 때문에 악한 영에 대항하는 한 가지 방법으로 부적을 지니는 방법을 택한 것입니다. 꾸란의 구절을 쓴 종이를 집어 넣은 목걸이를 걸기도 하고, 흉안(Evil Eye)의 부적을 집이나 차 등에 붙임으로써 악한 영을 쫓기도 합니다. 이러한 행동은 인간들이 다른 사람에 대해 악한 능력을 행사할 수 있다고 믿는 데서 나온다고 할 수 있습니다. 만약 내가 어떤 누군가를 미워하면 저는 그에게 악한 영향을 미칠 수 있다는 것입니다. 예쁜 아기가 있는 여인을 시기하는 사람의 악한 눈이 여인에게 영향을 미칠 수 있다고 믿는 것입니다. 이러한 악한 눈을 막기 위해 눈을 그린 그림을 지니고 있는 것입니다 파키스탄에는 드물지만 중동이나 북아프리카에서는 손에 무함마드의 딸 파띠마의 눈을 그려서 사용합니다. 종이에다 꾸란의 한 구절을 쓰고 그것을 태워 물에 타서 마시기도 합니다. 알라의 이름을 신기한 방법으로 부르기도 합니다. 무슬림들은 알라가 99개의 이름을 가지고 있다고 믿습니다. 창조자, 주님, 사랑하는 자, 움직이는 자, 보존하는 자 등등. 무슬림들은 알라의 이름 99개를 기억나게 하는 상징적인 것이 손바닥에 있다고 합니다. 손바닥의 큰 선들을 보면 왼손에 그려져 있는데 이것은 아랍어로 81을 나타내는 숫자이고 오른 손의 손금은 18을 나타내는 숫자이므로 합하면 99라는 것입니다. 또 낙타가 그렇게 잘난 척하고 걸어다니는 이유는 낙타만이 알라의 100번째 이름을 알고 있기 때문이라고 하기도 합니다. 알라의 이름은 무슬림에게 매우 중요한 것입니다. 정통 이슬람에서는 알라의 이름이 알라의 인격을 말해주는 것이지만 민속 이슬람에서는 매우 마술적으로 사용되고 있습니다. 어떤 특정한 샘이 능력이 있다고 믿어 그 물을 마시기도 합니다. 이러한 모든 행위들의 공통점은 무엇입니까? 그것은 어떤 마술적인 개념입니다. 우리 자신을 악한 영에서 보호하기 위해 우리가 할 수 있는 일이 있다는 것입니다. 모든 일들이 잘 풀리도록 하기 위해 무엇인가를 행하는 것입니다. 마술의 기본 개념은 내가 지배한다, 통치한다 하는 것입니다. 우리가 어떤 행동을 함으로써 삶을 조정할 수 있다는 것입니다.

민속 이슬람에 있어서의 본질은 어떤 세력을 조종하는 능력에 있습니다. 기억해야 할 것은 이것은 이슬람에만 있는 것이 아니라 모든 종교에 어느 정도 존재하고 있다는 것입니다. 이것을 볼 때 우리는 종교의 정통적인 면과 또 다른 면이 존재한다는 것을 알 수 있습니다. 종교의 정통적인 면은 진리가 무엇인가에 관심이 있습니다. 종교 지도자들은 진리에 관심이 있지만 민속적인 것으로 들어가면 진리보다는 삶에서 일어나는 일을 해결하는 능력에 관심이 있습니다.

또한 성인 숭배가 있습니다. 거룩한 성인들의 무덤에 신당(Shrine)을 짓고 악이나 해로운 것으로부터 보호받기 위해 성인들의 무덤을 찾아갑니다. 여기서 축복의 개념은 우리 기독교인들의 생각과는 상당히 다릅니다. 여기서의 축복은 하늘에서 내려오는 전기 충격과도 같은 것입니다. 전기를 꼽으면 기계가 돌아가는 것처럼 성인들의 무덤을 찾아가면 그 무덤 자체에서 능력이 일어난다고 믿습니다. 가난한 어떤 무슬림들은 성지순례를 가는 대신 가까운 성인의 무덤을 찾아가기도 합니다. 그런 식으로 알라께 가까이 갈 수 있고 능력을 얻을 수 있다고 믿는 것입니다. 성인이 훌륭한 일을 하였다고 믿는 것뿐만 아니라 알라와 인간 사이에 중보자적인 역할을 할 수 있다고 믿는 것입니다.

기독교인들의 경우도 일부 사람들을 보면 이와 흡사한 일들을 하는 것을 볼 수 있습니다. 카톨릭에서 성인들을 숭배하는 것도 이와 유사하다고 볼 수 있습니다. 그들은 성인들을 경배하지는 않는다고 말하겠지만 때때로 성인들을 하나님과 인간 사이에 놓고 생각하는 경향이 있습니다. 실제로 카톨릭에서는 '우리의 심판 날에 우리를 도와주소서' 하면서 기도하기도 합니다. 카톨릭 중 어떤 분들은 하나님 앞에 우리가 직접 나아갈 수는 없지만 마리아는 우리의 입장을 이해해 줄 것이라고 믿기도 합니다. 민속 이슬람에서도 성자들이 알라와 인간 사이에서 어떤 역할을 할 수 있을 것이라고 믿기도 합니다.

다음은 무함마드의 숭배에 대한 것입니다. 비록 꾸란에서는 무함마드를 보통 사람으로 묘사하고 있지만 무함마드의 경건함은 무함마드를 어느 정도는 신성이 있는 자로 높이고 있습니다. 근래에 이르러 파키스탄에서 이런 일들이 보편화되고 있습니다. 심지어 무함마드에 대한 시에는 무함마드가 태어나기 전에도 존재했고 죄가 없었다고 표현하기도 합니다. 어떤 면에서는 인간의 알라에 대한 갈망이 무함마드를 예수님과 같은 인물로 높여 주는지도 모릅니다. 알라는 전능하시고 알려지지 않은 분이시기 때문에 무함마드를 그런 신적인 인물로 높이는 이유가 되는 것 같습니다. 아니면 기독교인들이 예수님을 보는 것에서 영향을 받았을 수도 있습니다. 무슬림들은 무함마드를 기독교인들이 예수님을 대하듯 하기도 합니다. 그러나 정통 이슬람에서는 무함마드는 선지자였지만 일반적인 보통 사람이었다고 말하고 있습니다. 정통 이슬람과 민속 이슬람 사이에는 이런 긴장이 존재합니다. 민속 이슬람에서 발견되는 여러 현상들은 천부적인 재능, 병의 치유, 환상 등의 이적들을 말합니다.

예멘에서 무슬림이 기독교인이 된 사람의 얘기를 들은 적이 있습니다. 그는 오래전부터 기독교인이 되기를 원했지만 무슬림인 그의 할머니가 방언을 말했기 때문에 그는 기독교로 개종하기가 힘들었습니다. 방언은 기독교뿐만 아니라 다른 종교에서도 이루어집니다. 우리는 능력 대결이라는 말을 많이 듣습니다. 또한 우리는 종종 더 큰 능력을 행하는 종교를 받아들이고자 하는 사람들을 만날 수 있습니다. 이런 의미에서 능력 대결은 매우 중요합니다.

지금까지 정통 이슬람과 민속 이슬람에 대해 살펴보았습니다. 우리가 알아야할 점은 이러한 행위들 중 많은 것들은 이슬람이 들어오기 전에 존재했던 종교들로부터 영향을 받았다는 것입니다. 이슬람 선교사들이 들어왔을 때 그들은 그곳에서 행해지는 행위들을 모두 없애버리지 않았습니다. 따라서 전통적인 행위 속에 이슬람이 녹아 들어간 것이 많이 있습니다. 그래서 정통 이슬람에서는 민속 이슬람에 대해서 비판적인 면도 있고 어떤 면에서는 관용적입니다. 카바는 무함마드 이전 시대에도 성스러운 곳이었습니다. 저는 무함마드도 이전의 관습 중 어떤 것들은 받아들이고 통합시켰다고 생각합니다. 물론 저는 이런 말들을 매우 가까운 무슬림들 이외에는 말하지 않습니다.

구약의 선지자들은 우상의 제단을 없앴지만 무함마드는 카바 신전을 없애지 않고 아브라함과 이스마엘이 카바를 지었다고 말했습니다. 저는 무함마드가 매우 지혜롭다고 생각합니다. 이스마엘이 카바를 지었다는 말은 그곳이 매우 오래되었고 권위를 지니고 있다는 것을 의미했을 것입니다. 순례 중에 돌을 던지는 행위는 이미 이슬람 전부터 있었던 것이 이슬람과 통합되어진 것입니다.

이슬람 기억과 여성의 반항

파띠마 메르니시, 제드출판, 1996, 130쪽
(*Women's Rebellion & Islamic Memory* by Fatima Mernissi, Zed
Books, London & New Jersey, 1996, pp 130)

전재옥

　　파띠마 메르니시는 이슬람 세계에서 가장 왕성한 저작 활동을 하는 여
성 운동가이면서 교수로 서구의 학자들에게 알려져 있다. 요즘은 주로
무슬림 여성들을 교육시키는 일을 하는데, 정식 학위 과정은 아니고, 문
맹 여성들, 교육받은 여성들, 직업 여성들 등 여러 계층의 여성들을 대
상으로 한다. 교육의 주된 목적은 무슬림 여성도 무슬림 사회에서 가정
의 울타리를 넘어 직업 여성으로 자유롭게 자기 전문 분야를 발전시킬
수 있고, 자신이 속한 지역 사회의 민주주의 발전과 경제 발전을 위하여
남성과 같이 전진하여야 한다는 확신을 심어 주는 것이다. 그녀는 모로
코의 페즈(Fez)에서 무슬림 '하람' 가족 속에서 어린 시절을 보내고 무
함마드 브이 대학교(Mohammad V University)에서 사회학과 정치학
을 전공하였다. 파띠마 메르니시는 아랍어, 불어 그리고 영어로 저작활
동을 하고 있는데, 이 책은 그녀의 가장 최근 작품이다.
　　'이슬람 기억과 여성의 반항'에서 그녀는 무슬림 여성이 왜 차별을 받

‘이슬람 기억과 여성의 반항’에서 그녀는 무슬림 여성이 왜 차별을 받아왔는지 그리고 왜 지금도 그 틀에서 벗어나지 못하고 있는가를 질문한 다음 스스로 답을 제시하고 있다. 이슬람의 기억들—꾸란, 하디스, 그리고 이슬람의 역사를 통하여 보면 여성 혐오와 여성 차별을 찾아 볼 수 있다(꾸란 2:228, 꾸란 4:34 등). 하지만 동시에 꾸란과 이슬람의 역사에서 여성이 남성과 동등한 것을 가르치고 있는 실례들을 지적한다. 그러면서 어차피 역사는 선택된 자료들에 근거하는데, 꾸란에서 여성을 비하시키고, 남자보다 열등한 성으로 묘사되고 있는 것만을 기억하고 고집할 것이 아니라, 꾸란에서 여성을 남성과 동등하게 말하고 있는 것을 선택해서 가르쳐야 한다고 주장한다.

파띠마 메르니시는 무슬림 여성의 관점에서 이슬람 사회의 문제를 여성 베일과 폭력주의로 요약한다. 여기서 여성 베일은 종교적이고 국가적인 압력에 의하여 강요되고 있고, 폭력주의는 이슬람 사회에서 종교적으로 용납되고 있다는 것이다. 그런데 이 두 가지 문제들은 서로 상관이 없는 것 같이 보이지만, 그 배후의 세력은 하나라고 지적한다. 그 세력은 곧 이슬람 사회의 현 체제를 유지하고 민주주의에 저항하고 배척하는 것을 목적으로 한다. 즉 여성 베일과 폭력주의는 민주주의의 발전을 막고 있는 것이다. 이 책의 미덕은 특히 여성의 베일을 통하여 이슬람을 이해하는데 공헌하고 있다는 점이다. 특히 무슬림 여성인 저자의 눈을 통해 다른 이슬람 자료들에서 다뤄지지 않던 것들이 예리하게 파헤쳐지고 있다.

파띠마 메르니시는 무슬림 여성들이 자신들이 태어나고 성장한 바로 그 지역에서 소외되고 차별받고 있는 많은 실례들을 들려 주고 있다. 그런데 왜 무슬림 여성들이 그렇게 억압 속에 있어야 하는가를 질문하면서 그녀는 자신이 그 답을 찾았다고 주장한다. 그것은 무슬림 사회가 그리고 무슬림들이 여성을 증오하거나, 피하거나 또는 차별을 의도적으로 하는 것이 실제로는 민주주의를 배척하고 서구 세력에 저항하는 것이지 여성을 향한 저항이거나 여성 배척이 아니라는 점이다.

여성에게 베일을 쓰게하는 것은 세 가지 효과를 지배층에게 주고 있다는 것이다. 첫째는 무슬림 인구의 절반인 여성들을 비민주주의에 이용하고 있다는 것이다. 둘째는 여성들로 하여금 집안에만 머물게 해서 직업전선에서 남성들이 좀 더 많은 기회를 갖게 한다는 것이다. 셋째는 남성주의의 승리라는 것이다. 그러므로 여성 베일은 문화적 차원만이 아니라, 정치적인 측면을 가진다. 여성들이 정치적인 수단으로 이용되고 있다는 것이다. 그러나 저자는 무슬림 여성에게 잠재되어 있는 힘을 직시하고 있다.

· 무슬림 여성의 힘: 모든 무슬림 국가들에서 여성들은 남성들보다 훨씬 높은 문맹율을 보이고 있다. 모로코는 지금도 문맹자의 90%이상이 여성이라는 점을 들면서, 여성들을 교육시키는 것이 이슬람 사회의 변화와 발전을 위하여 가장 시급하고 효과적인 것이라고 주장한다. 무슬림 사회의 변화는 여성, 어머니의 힘에 의존하고 있다는 것이다. 이슬람 사회와 국가는 폭력주의나 군사주의가 아니라 여성의 힘을 인정해야 희망이 있다는 것이다. 지금까지 군사력, 폭력 등 남성의 힘에 의존했던 이슬람 사회는 이제라도 온유하고 조용한 힘, 여성의 양육하는 힘을 받아들여야 한다고 저자는 지적한다. 이러한 여성의 힘이 외적으로, 공적으로 잘 수용되지 못하고 있기 때문에 여성들은 자신의 삶과 결단을 표현하기 위해 다른 수단을 사용한다. 그것은 성현들을 찾고 성현들의 무덤을 찾는 것이다.

· 무슬림 여성 성현들과 기도원: 무슬림 여성들이 자주 찾는 곳은 병원도 아니고 여성들의 출입을 막는 무슬람 사원이 아니라 성현이 있는 무덤이나 기도원이다. 성현을 모신 곳이나 무덤에서 무슬림 여성들을 쉽게 찾아 볼 수 있다. 그 곳에서 그들은 가정과 병원 또는 사원에서 표현할 수 없는 자신들의 목소리로 부르짖을 수 있다는 것이다. 그 곳에서 그들은 삶의 여러 가지 문제들을 자기 방법대로 표출할 수 있고 그러한 과정에

서 앞으로 살아 갈 출구를 발견하게 된다. 또한 다른 여성들과 함께 모여 있는 분위기 그 자체 속에서 위로와 지지, 그리고 필요한 심리 치료를 받을 수 있다는 것이다.

파띠마 메르니시에게 있어서 이러한 여성들의 공간은 반체제와 반정통주의의 공간이다. 성현들의 자리는 정규 기도(살라)를 드리는 모스지드와는 다른 것이다. 모스지드에는 여성의 자리가 없다. 있다고 하더라고 커텐 뒤에 또는 이층의 먼 베란다에 조그마한 자리가 있을 뿐이다. 그곳에 있는 것 자체가 오히려 자신들이 이미 당하고 있는 구별과 차별을 더욱 실감나게 한다. 더구나 자신들이 아랍어나 지역어를 읽지도 쓰지도 못한다는 사실을 더 적나라하게 느끼게 할 뿐이다. 그러나 성현들의 기도원은 다르다. 여기서 그들은 삶의 가장 심각한 문제들을 해결받는다. 그리고 그것은 다른 측면에서 여성의 반항이다.

· 무슬림 여성의 직업: 대부분의 무슬림 남성들은 자기 아내나 딸이 직업을 갖는 것을 자신의 경제적 무능력과 가장으로서의 실패라고 생각한다. 실제로 직업을 가지고 남성들이 함께 일하는 공장, 시장, 회사에서 자유롭게 활동하는 여성들을 동등한 노동자, 직원 또는 상인으로 보는 것이 아니라, 가능한 매춘부로 여긴다는 것이다. 무슬림 남성에게 여성이 가지고 있고 할 수 있는 것은 성과 출산이라는 것이다. 이것이 용납되는 것은 가정과 집안에서만이다. 그러므로, 남성은 밖에서 활동하는 경제적 에이전트이고 여성은 집안에서 아이를 낳고 기르는 가정의 에이전트라고 완전히 구별하여 보는 것이다.

저자는 이러한 전통이 이슬람의 기억에서 보면 꾸란과 하디스뿐만 아니라, 초기 칼리프 시기에 있었던 '자리야' (여성 노예-이슬람 확장시기에 포로가 된 여자들은 그 미모와 재질에 따라 노동력을 제공하는 노예가 아니라, 정복자들의 노리개 노예로 기생과 같은 역할을 하였다)개념이 여성의 이러한 이미지를 더하게 했다고 본다. '자리야' 는 꾸란에서 '호우리' 라는 개념과 비교된다고 한다. '호우리' 는 죽음 이후의 파라다

이스에서 많은 선행을 행하고 들어간 남성들에게 주어지는 선물로서 '호우리'는 영원히 사랑스럽고, 아름답고, 그리고 처녀라는 것이다.

· 여성의 지도력: 무슬림 여성이 지도자가 될 수 있는가를 물으면서 저자는 이슬람의 역사에서 여성들이 지도자로 활동한 사례들을 든다. 예언자 무함마드의 아내들 중 아이샤는 낙타의 전쟁이라고 일컬어지는 전쟁을 이끌었다고 한다. 즉 그 당시 두 분파로 갈리게 한 두 칼리프, 알리와 우스만에게 결정적인 영향을 끼친 여성으로 지목된다. 물론, 여기서 '뉴스즈'라는 개념으로 오히려 아이샤의 이러한 참여가 이슬람 역사를 피의 역사로 이끌었다고 비난하기도 한다. '뉴스즈'라는 단어는 꾸란의 용어인데 아내가 남편에게 저항하고 반항하는 것을 의미한다. 꾸란에서는 이 개념이 이러한 아내를 책벌하기 위하여 사용된 것이다. 이슬람 사회에서 순종, 침묵, 그리고 부동을 여성의 세 덕목으로 생각하고 있는데, '뉴스즈'는 정죄받아야 된다는 것이다. 그러나 저자 파띠마 메르니시는 이것이 개인주의를 두려워하고 민주주의를 저항하는 것이라고 해석한다. '비다', 즉 변화 또는 변혁은 이슬람의 전통에서는 큰 죄인 것이다. '비다'는 잘못하는 것이 아니라, 범죄인 것이다. '비다'는 매우 위험한 것으로 변화를 일으키는 자들이 이슬람 공동체에서 벗어나는 행동을 하기 때문만이 아니라, 이슬람 공동체 자체에 도전한다고 생각되기 때문이다.

그러므로 여성 베일을 벗고 여성도 남성과 함께 교육을 받고, 사회의 여러 분야에서 사회와 가정을 위하여 그리고 국가를 위하여 함께 공동전선을 이루어 나간다는 것은 현재의 체제에 대한 반항이며, 또한 '뉴스즈'이자 '비다'인 것이다. 이러한 배경에서 저자 파띠마는 이슬람의 기억에 호소를 한다. 그것은 이슬람의 꾸란, 하디스, 그리고 이슬람의 역사에서 여성의 다른 위치를 보여주는 가르침과 사례들이 있다는 점이다. 저자는 역사를 선택된 자료와 역사를 정리한 이들의 해석에 의존하고 있다고 여긴다. 무슬림 여성들이 반드시 남성들이 말하고 있는 꾸란, 하디스, 그리고 이슬람 역사에만 의존할 것이 아니라, 같은 자료와 사례에서 여성을 다르게 말하고 있는 자료들을 찾아서 자기 주장과 자기 표현을 해야 한다는 것이다. 즉 무슬림 여성들이 초기 이슬람 세계와 천 사백년의 역사에서 정치·경제적으로 왕성한 활동을 한 사례들을 기억하자는 것이다. 왜 여성을 차별하는 자료를 그리고 그러한 역사만을 기억해야 하는가! 이슬람의 고전 자료와 역사에서 얼마든지, 여성들의 동등한 참여를 기억해 낼 수 있는데 말이다. 오늘도 이슬람의 근본주의의 강한 파도는 여성 베일과 폭력주의를 조장하고 있다. 그 이면에는 민주주의에 대한 저항이 숨어 있느 것이다.

저자는 모로코의 이슬람 문화에 대한 경험적 관찰과 여성으로서 날카로운 분석을 토대로 자기 고백적인 이야기를 들려 주고 있다. 여하튼 이 책을 한번 손에 든 독자들은 끝까지 읽지 않고는 배길 수 없을만큼 매혹적인 책임에 틀림없다. 마지막으로 이 책에서는 다뤄지지 않았지만, 이렇게 무슬림 여성들이 그녀의 주장대로 문맹에서 벗어나서, 자신의 문제를 직시하고 자기 변화를 꾀하고 실제로 그렇게 변혁을 시도해서, 해방되었을 때 이슬람은 종교와 문화적으로 어떤 특징들을 보여주게 될 것인가를 질문해 볼 수 있을 것이다. 아직도 파띠마 메르니시의 책이 서구의 독자들을 대상으로 하고 있는 것이다. 그녀의 글이 90% 이상의 문맹률을 보이고 있는 무슬림 여성들에게 읽혀졌을 때 파생될 가공할 만한 힘은 어느 정도일까 하는 점이다.

엠마오 도상의 무슬림과 기독교인

J. 더들리 우드베리, MARC출판사, 1996
Muslims and Christians on the Emmaus Road by J. Dudley
Woodberry, Monrovia :MARC Publications, 1989

김아영*

1987년 7월, 네덜란드의 자이스트에서는 세계복음화를 위한 로잔위원
회와 즈웨머 연구소의 공동 주최로 전 세계의 이슬람 관련학자들과 선교
사들이 모여 무슬림 전도와 관련된 중요한 문제들을 논의하였다.

레바논, 파키스탄, 아프가니스탄과 사우디 아라비아에서의 오랜 선교
경험과 풀러 신학교의 이슬람 담당 교수겸, 선교 대학원장이라고 하는
학문적 배경을 고루 갖추고 있는 우즈베리 박사는 이 회의에서 발표된
중요한 논문들을 간추려 "Muslims and Christians on the Emmaus
Road 「엠마오 도상의 무슬림과 기독교인」"이라는 제목의 책으로 출판하
였다.

제목에서 드러난 것과 같이, 이 책은 엠마오 도상에서 두 제자가 부활
하신 주님을 만났던 사건을 모티브로 하여 편집되었다. 24명의 저명한

---

* 풀러 신학교(Fuller Theology)선교학 박사과정

학자와 선교사의 논문들은 「다양한 민족들(Varieties of People)」, 「무슬림 선교의 성서적 근거(Scriptural Perspectives)」, 「낡은 형식과 새 의미(Old Forms and New Meaning)」, 「능력 대결(Spritual Empowering)」, 「연구를 위한 자료(Resources for Understanding)」이라고 하는 6개의 주제에 의해 편집되었다.

　이 책의 첫번째 부분은 무슬림 세계의 다양성을 신중하게 다룬 논문들을 통하여 무슬림 선교 사역의 광범위한 지역적 배경을 잘 보여주고 있다. 케네쓰 크랙(Kenneth Cragg) 주교는 기독교-이슬람간의 종교간의 대화의 상황적 배경 이해를 위해 현대 이슬람의 경향들을 잘 정리해주고 있으며, 폴 히버트(Paul Hiebert)는 민속 이슬람과의 능력 대결(Power Encounter)에 대한 신학적 논의들을 다루고 있다. 그는 무슬림들을 대상으로 하는 선교는 병든 자를 치유하는 것과 같이 하나님의 능력을 가시적으로 보여주는 것을 반드시 포함해야 함을 강조하고 있다. 그러나 이적과 기사를 행하는 것은 복음의 최종적 증거를 위한 수단이 되어야지 그것 자체가 목적이 되어서는 안 됨을 재삼 강조하고 있다.

　두 번째 주제인 "무슬림 선교의 성서적 근거"는 무슬림 선교에 있어서 근본적인 신학적 주제들을 분석한 논문들을 포함하고 있다. 콜린 채프만(Colin Chapman)은 바울이 아테네의 아레오바고 광장에서 사람들에게 복음으로 도전을 했던 것을 적용하여 무슬림 전도를 위한 세가지 원칙 – 하나님과 그의 말씀, 하나님과 그의 선지자, 하나님과 그의 은혜–을 제시하였다.

　에버렛 후퍼드(Everett Huffard)는 무슬림들을 전도하기 위한 복음주의 신학적 근거로서 하나님의 사랑과 십자가를 제시하고 있다. 무슬림들은 전능하신 하나님의 선지자가 사람들에 의해 십자가 상에서 죽임을 당했다고 하는 것은 하나님에 대한 모독이라고 생각하여 예수의 십자가 수난을 부인하고 있다. 후퍼드는 무슬림들에게 그리스도의 십자가의 의미를 설명하기 위한 새로운 신학적 패러다임으로서 상황화된 기독론을 제시하고 있다. 그에 의하면 영광과 권위와 충성이 이슬람교 내에서 가장 중요한 가치로 간주되고 있으므로, 십자가상의 예수의 죽음을 하나님의 뜻에 순종하려고 한 예수의 충성의 행위였음을 강조하여 설명함으로써 무슬림들을 설득할 수 있음을 제시하고 있다.

세 번째 주제인 "무슬림 선교의 형태"에서는 복음을 무슬림들에게 효과적으로 증거할 수 있는 실제적 방법들을 사회적이고 신학적인 측면에서 제시하고 있다. 다양한 상황 속에서 무슬림들에게 복음을 증거했던 경험을 담고 있는 6개의 짧은 논문들은 복음을 증거하는 실제적인 상황에 대처하는 구체적인 사례들을 제시해주고 있다.

데니스 그린(Denis Green)은 이 책의 네 번째 주제인 "낡은 형식과 새 의미"에 대한 논의에서 무슬림 선교의 상황화(Contextualization) 문제를 논의하고 있다. 그는 타문화군 선교에 있어서 상황화가 중요하기는 하나 그 자체가 목적이 될 수는 없으며 교회를 영적으로 성숙시키기 위한 수단이 되어야 함을 강조하고 있다. 때로는 "상황화된 신념과 행위들이 교회의 영적인 성숙이라고 하는 최종 목표를 향한 과정에서 걸림돌이 될 수도 있음"을 경고하면서 이러한 걸림돌은 상황화된 신념과 행위들을 수정하거나 과감히 제거함으로써만 극복될 수 있음을 강조하고 있다.

이슬람권 선교사들 사이에서 혁신적인 선교 전문가로 알려져있는 필 파샬(Phil Parshall)은 이 책에 실린 논문에서도 전통적인 복음주의자들이 선교를 하면서 흔히 범하는 실수를 지적해 내고 있다. 그는 선교사 400여명을 대상으로 한 설문 조사를 토대로 하여 선교사들의 영성에 대한 문제를 제기하고 있다. 그의 조사에 따르면 선교사들의 87% 이상이 기도와 말씀 묵상에 할애하는 시간이 하루에 30분도 채 안 된다는 것이다. 파샬은, 경건한 무슬림들이 기독교인들을 보며 그들이 하나님께 순종하지 않는 사람들이라고 비난한 것을 예로 들면, 이러한 우선 순위의 잘못이 선교 사역 실패의 가장 큰 원인임을 지적하고 있다.

"능력 대결"의 주제 하에 실려 있는 논문은 세 편 모두가 오늘날 선교 현장에서 선교사들이 어떤 형태로든 영적인 전쟁과 관련되어 있으므로 선교사들 스스로가 이러한 대결에 준비되어야 함을 강조하고 있다. 콜린 채프만은 기도의 성서적 근거를 제시하면서 "타문화권 선교(Cross-Communication)와 관련된 주제들과 영적 전쟁을 양자 택일의 문제로 생각하는 것"의 위험성과 잘못을 경고하고 있다. 그는 이따금씩 무슬림들을 향한 선교에 있어서 기독교의 가장 중요한 신학적 주제들이 간과되고 있음을 지적하였다. 예를 들어, 악의 궁극적 근원은 이슬람 종교 그 자체나 이슬람 국가의 사회 체제가 아니라 공중의 정사와 권세임을 잊지 말고 선교에 임해야 함을 강조하고 있다. 크리스티 윌슨(Christy Wilson)은 아프가니스탄에서 오랫동안 사역했던 경험을 기반으로 하여 무슬림들에게 복음을 증거함에 있어 장기적인 중보 기도의 중요성을 강조하고 있다.

이 책의 마지막 부분인 "연구를 위한 자료들"은 이슬람과 이슬람 선교를 연구하는 개인이나 단체에 실제적인 도움을 주는 중요한 자료들을 제공하고 있다. 로버트 더글라스(Robert Douglas)는 기독교 연구 기관을 통해 무슬림들을 향한 타문화권 선교를 위한 연구와 훈련이 이루어질 필요성을 지적하면서, 세계 도처에서 이슬람권 선교 사역에 핵심적으로 관여하고 있는 학자나 선교사들을 중심으로 한 연구 기관과 훈련 단체가 설립되어야 함을 역설하고 있다. 마지막으로 위렌 채스틴(Warren Chastin)은 이슬람 관련 도서목록을 정리해 놓음으로써 이슬람과 이슬람권 선교에 관심을 가지고 있는 사람들에게 좋은 자료를 제공하고 있다.

이상에서 살펴본 바와 같이 우드베리의 이 책은 이슬람권을 향한 기독교 선교와 관련된 다양하고 방대한 내용들을 담고 있어서 단숨에 읽기에는 무리가 있으며 정독을 요구하는 책이다. 다양한 주제의 논문들을 편집해놓은 이러한 종류의 책에서 흔히 발견될 수 있는 아쉬운 점이 이 책 속에서도 발견되고 있다. 즉 기독교 선교의 상황화에서부터 꾸란의 해석에 이르기까지 이 책이 다루고 있는 다양한 주제의 폭에 비해, 각 분야별로 보다 심도있는 연구가 이루어지지 못했다는 점이 바로 그것이다. 또한 저자들의 면면을 살펴볼 때 좀더 다양한 배경을 가지고 있는 학자나 선교사가 참여했었더라면 하는 아쉬움도 남는다. 그러나 이러한 점에도 불구하고 이 책은 이슬람 선교에 관심을 가지고 있는 다양한 계층의 사람들 -학자, 선교 전문가, 선교사 후보생, 평신도- 모두에게 유용하게 읽힐 수 있는 책으로서, 특히 신학교나 선교 훈련원에서 이슬람권 선교사를 훈련시키는 교재로 활용하기를 적극 추천하는 바이다.

이슬람연구소 활동상황

월례연구회

16차 1995년 12월 12일 주제: 터 키의 부인 선교사 사역

17차 1996년 1월 14일 주제: 여성과 무슬림

18차   2월 22일 주제: 중앙아시아의 이슬람

19차   3월 14일 주제: 터키의 이슬람

20차   4월 18일 주제: 이슬람의 경제

21차   5월 9일 주제: 이슬람의 신조

22차   6월 13일 주제: 수단의 이슬람

23차   7월 11일 주제: 튀니지의 이슬람

24차   8월 22일 주제: 영국의 이슬람

25차   9월 12일 주제: 이스라엘의 이슬람과 유대교

26차   11월 7일 주제: 방글라데시와 화교, 그에 대한 선교

27차   12월 12일 주제: 빠딴 족의 무슬림 선교

28차 1997년 2월 13일 주제: 이슬람 사회의 여성1

29차   3월 13일 주제: 이슬람 사회의 여성2

30차   4월 10일 주제: 이슬람 사회의 여성3

31차   5월 15일 주제: 이슬람 사회의 여성4

저널발간

1995년 12월 20일 저널Ⅱ '이슬람의 이상과 현실' 발간

번역서 발간

1996년 1월 12일, 『가서 너도 이와같이 하라(You Go and Do the Same)』 발간

이사회
1995년 12월 7일 중앙교회(정영관 목사 시무)에서 제12차 이사회와 제4차 정기총회를 함.
1996년 5월 16일 제13차 이사회를 함.
1996년 10월 3일 제14차 이사회를 함.
1996년 12월 20일 제15차 이사회와 제4차 정기총회를 함.
1997년 3월 20일 제16차 이사회를 함.

연구원 모임
1996년 1월 17일 연구원 모임을 갖다.
 참석자: 전재옥, 공일주, 안동기, 민요섭, 심대섭, 이병구, 이영민, 김주연, 유미선.

제7차 이슬람강좌
◆ 1996년 2월 12일~14일
강사: 전재옥 이사장, 공일주 박사, 안동기 연구원, 이병구, 김동문
    연구원, 민요섭 연구원
강의 제목: 이슬람권의 미전도 종족 선교, 꾸란과 무함마드,
    이슬람의 문화와 무슬림에 대한 태도, 이슬람 선교에 대한
    신학적 문제, 여섯 가지 믿음과 다섯 가지 기둥, 이슬람 선
    교실제, 교회내에서 이슬람권 선교사 발굴과 훈련

제8차 이슬람강좌
◆ 1996년 10월 3일~5일

강사: Vivienne Stacey 선교사, 전재옥 이사장, 정경철 선교사, 공
　　　일주 박사, 민요섭 연구원, 김형익, 이병구
강의제목: 중동을 중심으로 한 이슬람 세계의 동향, 무슬림 여성, 축
　　　제와 탄생, 죽음 의식을 통한 복음 증거, 파키스탄 무슬림 선교
　　　실제, 아랍인의 참 모습과 그리스도인의 증거, 이슬람권 선교사
　　　의 자질과 준비, 이슬람권 선교사의 생활과 사역, 성경과 꾸란
　　　에서의 인간, 죄, 속죄
◆ 1997년 3월 15일~5월 24일
강사 : 홍성민 교수, 최영길 교수, 이원삼 교수, 김종도 박사, 조희선
　　　교수, 공일주 박사, 지인식 목사, 이주화(이슬람사원 사무총장,
　　　전재옥 교수(연구소 이사장), 정형남 선교사
강의제목: 이슬람 세계의 경제, 꾸란, 이슬람의 신조, 이슬람의 가족
　　　제도, 이슬람의 여성, 민속이슬람, 국내 무슬림 사역현황, 한국
　　　내 이슬람사원, 이슬람의 예수이해, 이슬람권 선교실제

아랍어 강좌
◆ 초급반
일시: 1996년 7월 6일~8월 24일
강사: 공일주 박사
일시: 1997년 3월 22일~4월 26일
강사 : 임희봉

◆ 중급반
일시: 3월 16일~5월 18일
강사: 조경남

소식지 『이스마엘 우리의 형제』 발간

1996년 1월 3일 (제20호)
3월 2일 (제21호)
5월 1일 (제22호)
7월 1일 (제23호)
9월 1일 (제24호)
11월 1일 (제25호)
1997년 1월 3일 (제26호)
3월 3일 (제27호)
5월 2일 (제28호)

이슬람연구소를 섬기는 분들

이사진

1. 강승삼 : 강남구 대치3동 1007-3번지 예장합동 선교국

   ☎ 564-5253

2. 김문희: 서대문구 신촌동 1 대신교회

   ☎ 392-4412

3. 나일선 : ACTS in USA-Suite 132 540-C N.E. Northgate Way Seattle, WA

   98125, USA

4. 두상달 : 강남구 삼성동 170-11 칠성빌딩 501호

   ☎ 558-4631-3

5. 박재형 : 종로구 연건동 28번지 서울대학병원 진단방사선과 교수

   ☎ 760-2512

6. 방선기 : 마포구 창전동 5-129 성진빌딩 4층 직장사역연구소

   ☎ 3142-2589

7. 안동규 : 강원도 춘천시 옥천동 1번지 한림대 경영학과 교수

   ☎ 0361) 58-1360

8. 이기덕 : 영등포구 문래동 4가 16-1 문래동교회

   ☎ 633-2855

9. 이동휘 : 전북 전주시 덕진구 금암2동 1593-8 안디옥교회

   ☎ 74-3228

10. 이두선 : 동대문구 이문동 270번지 외대 아랍어과 교수

    ☎ 962-7121

11. 이정규 : 구로구 개봉1동 170-32 광명교회

☎ 685-1021

12. 옥한흠 : 서초 4동 1310-16 사랑의교회

☎ 553-7706-7

13. 전재옥 : 서대문구 대현동 11-1 이화여대 기독교학과 교수

☎ 360-2201

14. 원종근 : 동대문구 이문동 270 한국외국어대학교 무역학과 교수

☎ 961-4150

15. 정영관 : 종로구 인사동 194-4 중앙감리교회 목사

☎ 730-6711

16. 홍순영 : 서대문구 대신동 91-3

☎ 312-9258

17. 홍승민 : 동작구 사당2동 산 17 사당우성아파트 208-307

☎ 595-1439

18. 홍정길 : 강남구 일원본동 산8-1 남서울은혜교회

☎ 226-9968

19. 황방남 : 강서구 화곡4동 809-14 배광교회

☎ 644-0191

◆ 국내 연구원

책임연구원

1. 김아영 : 선교학 박사과정 (Fuller Theological Seminary)

2. 김주찬 : 기업인. 정치학 박사

3. 남진선 : 중동 선교 사역중

4. 민요섭 : 영동 우체국 사서함 1052 HOPE 본부장

5. 심대섭 : 중동 선교 사역중

6. 안동기 : 선교국 선교업무과장. 영국 선교 사역중

7. 이영민 : 한국기독교수양관 총무, 목사

8. 조용성 : 교회 목회. 선교사.(박사과정 이수)

국내 연구원

1. 김동문 : 한국인터서브선교회 소속 선교사

2. 박남선 : 용산구 한남동 683-141 MI

3. 유왕종 : 인천 북구 십정1동 358-19호 42/1

4. 장종갑 : 서울 도봉구 쌍문동 414-64 소망연립 301호

5. 조양덕 : 부천시 원종동 282-20

국외 연구원

인도네시아, 요르단, 수단, 필리핀, 파키스탄, 터키 각 1명

김병선, 김영대, 상영규, 정경철, 정준모, 정형남, 탁수연, 홍은희

◆ 간사

이현경 : 인천시 동구 송림2동 55번지 4/7

　　　　　☎ 032-761-2505 휴직

유미선 : 수원시 장안구 송죽동 478. 현대A. 106-202

　　　　　☎ 0331-254-7449

박성은 : 강북구 미아1동 760-109

　　　　　☎ 980-9486

자원 봉사자

김건우 : 동작구 상도5동 407 관악현대A. 107-608 ☎ 871-7392

이종례 : 종로구 동숭동 199-27 ☎ 745-1423

후원자 명단

재정후원자

고선희	송파구 오금동 가락 현대아파트 2차 28동 301호
권형기	서대문구 충정로 3가 187 아세아연합신학대학
김원희	서대문구 창천동 415
김은혜	중구 정동 15-5 C.C.C
김태련	서대문구 대현동 11-1 이화여자대학교
리강락	서초구 반포동 우성아파트 102동 702호
민요섭	강남우체국 사서함 1052 HOPE
박남선	국제선교회(MI)
오혜련	송파구 가락2동 192번지 극동아파트 5-501
윤해옥	동대문구 용두2동 118-99
이계희	동작구 사당동 산 17 극동아파트
이미정	종로구 신문로 1가 42 새문안 교회
이시호	Korean Embassy P.O.Box 40-290
	Baabda. Lebanon
이용일	인천시 동구 송림2동 55번지
이정임	경기도 용인시 남사면 봉무리 87-1
이태웅	양천구 목2동 231-188 한국선교훈련원
인터서브선교회	종로구 신문로 2가 89번지 피어선빌딩 402호
전윤갑	용산구 용산동 3가 1번지 국방부 정보체계국
	체계관리과

전재옥　　　　　이슬람연구소 이사장

정옥진　　　　　종로구 평동 108번지 강북삼성병원

주미정　　　　　광진구 구의 3동 현대아파트 215동 1903호

최명숙　　　　　강남구 청담동 128-1 구산아파트 902호

홍경선　　　　　종로구 송월동 1-2 광화문스튜디오 가-116

홍동희　　　　　강북구 수유 3동 31-61

홍향희　　　　　부천시 남구 역곡동 산 43-1 가톨릭대 종교학과

후원교회

과천은파교회　　경기도 과천시 중앙동 72번지　(김광덕 목사)

광명교회　　　　구로구 개봉1동 170-32　(이정규 목사)

대림교회　　　　영등포구 신길6동 4794　(임준택 목사)

대신교회　　　　서대문구 신촌동 1　(김문희 목사)

동현교회　　　　인천시 남구 도화동 459-1 (최정성 목사)

머릿돌교회　　　성동구 자양3동 553-267 (조정해 목사)

문래동교회　　　영등포구 문래동 4가 16-1　(이기덕 목사)

봉천교회　　　　관악구 봉천2동 40-4　(박정수 목사)

사랑의교회　　　서초4동 1310-16 (옥한흠 목사)

새문안교회　　　종로구 신문로 1가 42 (김동익 목사)

아름다운교회　　강남구 청담동 62-39　(김기홍 목사)

아현감리교회　　서대문구 북아현동 950 (신경하 목사)

염광교회　　　　도봉구 창1동 662-59　(권혁성 목사)

영원한교회　　　부천시 원미구 중동신도시 은하마을 대우동부상가 301 호　(최경구 목사)

오류동교회　　　구로구 오류1동 31번지　(안행래 목사)

온누리교회　　　용산구 서빙고동 241-96　(하용조 목사)

우이교회　　　　도봉구 수유5동 394-2　(김종순 목사)

원주제일교회	원주시 일산동 114 (김명기 목사)
아랍선교회	(중앙교회, 문래동교회, 대신교회, 광명교회,평택제일교회, 오류동교회, 과천은파교회, 봉천교회, 우이교회, 원주제일교회, 이천교회)
이대대학교회	서대문구 대현동 11-1 이화여자대학교
이천중앙교회	경기도 이천군 이천읍 중3리 21-1 (박영준목사)
의림교회	강남구 대치동 1019-15호 아주빌딩 303호(김기태 목사)
임마누엘선교교회	부산시 부산진구 개금1동 606-15 (김종삼목사)
중앙교회	종로구 인사동 194-4 (정영관 목사)
파키스탄선교회	안산시 사동 1344-1 신우아파트 610-304 이중화 목사
평택제일교회	경기도 평택시 통복동 60-4 (조명호 목사)

회원단체

모슬렘세계선교회(MMA)	중앙우체국 사서함 4756호 ☎ 455-7936, 564-5253
인터서브선교회	종로구 신문로 2가 89번지 피어선빌딩 402호 ☎ 725-6065-6
전문협력기구(HOPE)	영동우체국 사서함 1052호 ☎ 533-6057
전문인국제협력단	관악우체국 사서함 55호 ☎ 585-3541
중동선교회(MET)	중앙우체국 사서함 7938호 ☎ 3452-3058
해외협력선교회(PWM)	영동우체국 사서함 142호 ☎ 565-3431
FIM 국제선교회	영등포구 신길6동 42622-1

회원명단

평생회원

김지헌	1833 Berry hill Drive, Chinohills CA 91790 U.S.A.
고석영	송파구 오금동 현대아파트 28-301
공일주	외대 강사
구자영	서대문구 대현동 11-1 이화여대 도서관 관장
박동우(윤해옥)	동대문구 용두2동 118-99호
박재형	이슬람연구소 이사
백남일	JEM. 92 Rue revebal, 75019 PARIS, FRANCE
이성복	중랑구 묵1동 122-180
이중화(유숙자)	성동구 구의 3동 548번지 현대아파트 201-401
이 혁	관악구 신림9동 1514 치과의원
전재옥	이슬람연구소 이사장
조정해	성동구 자양 3동 553-267 머릿돌교회
홍순영	이슬람연구소 이사
홍승민	이슬람연구소 이사
홍향희	경기도 부천시 남구 역곡동 산 43-1 성심여대

특별회원

김사라, 김애라	1833 Berry hill drive. Chinohills CA. 91790 U.S.A
김석진	경남 진주시 하대동 585-2번지 도동대림아파트 1동1502호

김신숙	P.O.BOX 356 MAADI, CAIRO. EGYPT
김 정	경기도 용인시 구성면 보정리 431번지 의림교회
김아영	290N. MADISON #210 PASADENA CA.91101 U.S.A.
김안배	양천구 신정7동 323-16 대영플라자 904호
김원배	강남구 대치동 66 쌍용아파트 3동 413호
김현정	동대문구 이문동 305-152 한길교회
김호진	1465 Palmenston Ave. W. Vancouver, B. C V7T 2HB CANADA
노광현	충남 아산시 읍내동 156번지 온양감리교회
박도석	과천 제2종합청사 법무부 보안 2과장
박명화	충남 대전광역시 대덕구 석봉동 147-2 예화사
배태승	평택시 통복동 90 평택세무서 법인세계
백종식	여수시 고소동 833 여수제일교회
서영준	관악구 신림1동 1612-7호 신천교회
심제명	서대문구 대현동 럭키아파트 106-507
손성욱	서초구 반포1동 삼호가든 1,2차 아파트 7-205
송희천	송파구 가락동 13-17
안종수	경북 상주시 사벌면 원홍1리 280-1
윤여봉	중구 태평로 2가 250번지 (주)삼성물산
이명욱	Humboldtsstr. 42, 53115 Bonn Germany
이성윤	ADELINE Ave Garden Grove CA 92641 U.S.A.
이시호	Korean Embassy P.O.Box 114-5092, Beirut, Lebanon
이창훈	광주시 서구 진월동 진월아파트 3동 507호
이한동	부산시 부산진구 전포1동 337-3번지 (영연빌딩내) 성남엔지니어링
이효재	경기도 시흥시 방산동 102-2 방산감리교회
장명호	Suntan Mapayapa Village 2, QC City, Phillipine
정무삼	종로구 세종로 종합청사 외무부 문서 담당관실
정성희	중랑구 묵1동 181-26 32/1

조경남	마포구 아현3동 632-107 4/3
조경남	서대문구 홍제1동 315-7 서울맨숀 306호
최기수	안양시 만안구 안양8동 산 147-2 성결대학교
최명숙	강남구 청담동 128-1 구산아파트 902호

일반회원

강규택	양천구 신월1동 237-13
강지영	경남 울산시 동구 방어동 75번지 화진초등학교
고 정	송파구 가락동 52번지 효성빌라 4-101
광주새순교회	광주시 북구 중흥3동 260-59
계현숙	인천시 부평구 산곡동 현대아파트 501-301
김동건	경북 중산군 진량면 봉회동 117 영남신학대학교
김명윤	강남구 개포동 경남아파트 2동 101호
김사라	Berry hill drive, chinohills CA. 91790 U.S.A.
김애경	경기도 고양시 행주외동 163-4
김영순	성북구 보문동 5가 171번지
김영애	노원구 월계동 미성아파트 12-1311
김윤선	대전광역시 서구 갈마동 동산아파트 1-202
김정필	강서구 방화2동 542-3번지 예원빌라 109호
김제선	성북구 돈암1동 38-27
박금희	경기도 수원시 팔달구 잉계동 1118-1 4층
박성주	성북구 돈암동 60-3 고명빌라 302호
박에스더	안양시 만안구 안양3동 784-53
박정숙	도봉구 미아7동 852-273 6/2
배영자	경기도 시흥시 하중동 654-4 성천감리교회

백지연	서대문구 홍은 3동 277-117
선교신학원	경기도 광주군 오포면 신현1리 131-19
신영훈	종로구 통인동 134-1 태창빌딩 302호 해라시아연구소
안효순	강남구 신사동 588-7 미미빌딩 2층 안디옥세계선교회
이광호	대구시 동대구우체국 사서함 96호
이복희	서초구 잠원동 28-1 서초빌딩 5층
이용규	서초구 서초동 1547-7 남경 B01호
이은주	도봉구 우이동 1번지 성원아파트 2-203
이은주	87 Charles st. Jersey city N.J. 07307 U.S.A.
임금순	경기도 시흥시 하중동 654-4 성천감리교회
정찬애	경기도 시흥시 하중동 654-4 성천감리교회
정창연	Cukurca Birlik Mah. 43. Sok Koseoglu Apt. No.1716 Cankaya Ankara Turkey
정창우	Burak Sok. No.1 D.3 Alp-Eren sitesi Narlidere
조정현	서대문구 대현동 11-1 이화여대 미술대학 도예과
최은경	송파구 가락동 52번지 효성빌라 4-101

자료회원

강선희	성남시 분당구 분당동 장안타운 108-501
금자영	대구광역시 남구 대명 8동 2013번지 222호
김가희	성남시 분당구 분당동 동성아파트
김경수	종로구 세종로 77 정부종합청사 외무부 서남아시아대양주과
김 강	강동구 둔촌동 주공아파트 410동 305호
김고운이	경남 울산시 동구 화정동 657-51번지
김규식	중구 정동 정동빌딩 10층 강원산업 기계영업부

김동윤	P.O.BOX 4006 ABUDHABI U.S.E.
김석완	종로구 부암동 338-43
김성섭	송파구 거여동 산71번지 비호아파트 6-101
김영경	경기도 남양주시 조안면 송촌리 652번지
김영철	C.P.O Box 8649
김채숙	경기도 안산시 본오동 952-10
김향화	인천시 남구 용현3동 422-16 13통 4반
김형우	인천 남구 용현동 인하대학교 이과대 화학과
고정윤	강남구 대치동 611번지 강남대학빌딩 501호선교21세기
나선화	충청남도 천안시 안서동 산29번지 단국대학병원 수술부
대구HOPE	대구시 중구 동인 4가 454-3번지
문향연	중구 주교동 153 전주식당
박미숙	인천우체국 사서함 79호
박태룡	강원도 태백시 화전2동 2통 3반 (주)대국타이어
안상준	강동구 암사3동 강동아파트 2동 401호
양성덕	경기도 평택시 팽성읍 안정리 100-49
양재용	일산시 일산동 1050 건영 604-703
유학종	성동구 금호4가 180 30/2 405호
이광수	대전시 서구 갈마동 300-18 대풍빌라 가동 402호
이상금	부산시 부산진구 양정3동 423-11 12/1
이성민	강남우체국 사서함 1667호
이성옥	강남구 일원동 640-4 호산나빌딩 2층
이영숙	성동구 마장동 568-9
이영화	Alpha Omaga Group c/o Joshua Tark 13 Dr El Mahrouky Oroupa Helipolis
이정임	경기도 용인시 남사면 봉무리 87-1
이종례	종로구 동숭동 199-27

이태우　　　　서초구 반포1동 734-34 나우빌딩2층 한국선교

이한나　　　　서대문구 대현동 11-1 이화여자대학교 장학과

이혜자　　　　영등포구 대림3동 604-45 옥탑

이혜진　　　　인천시 남구 주안5동 대동아파트 라-308

임규영　　　　강서구 발산 2동 673-1호 안디옥 교회

임부자　　　　금천구 시흥4동 820-41 사랑의 집

여의도순복음교회 선교기획　　　영등포구 여의도동 11번지

예정욱　　　　경기도 용인군 모현면 왕상리 산89 예수전도단

전승만　　　　안양시 안양5동 710-77 5통 5반

정근미　　　　서대문구 대현동 62-1 신현교회

정연주　　　　광진구 능동 55-3

조경남　　　　마포구 아현3동 632-107 4/3

죠이코여행사　　서초구 서초동 1569-1 일욱빌딩 2층

탁수연　　　　P.O.BOX 220 Khartoum SUDAN

태 일　　　　영등포구 당산동 4가 109호 25/5 당산연립 A동 206호

침례교 해외선교회　　　영등포구 여의도동 14-13 가든빌딩 705호

최규호　　　　양천구 신정 3동 1185-21번지

충현청년 1부　　강남구 역삼동 665-1 충현교회 청년1부 선교부

홍영숙　　　　Daughters of St. Paul, 51 Main Gulbery Lahore 54660 Pakistan

한국외국어대학교 이슬람 관련도서

강덕윤, 「이슬람 교육기관의 발전과정 고찰」, 한국외국어대학교 대학원, 1988

강동순, 「이슬람 철학의 중세유럽 이동과 그 영향」, 한국외국어대학교 대학원, 1989

강영순, 「인도네시아 이슬람의 정치참여 요인에 관한 연구」, 한국외국어대학교 대학원, 1991

강철구, 「이슬람법(샤리아) 형성과정 소고」, 한국외국어대학교 대학원, 1985

김능우, 「수피주의에 관한 고찰: 초기의 형성과정을 중심으로」, 한국외국어대학교 대학원, 1986

김용선, 『꾸란(이슬람의 경전)』: 한역, 서울: 어학사, 1981

김정위, 『이슬람문화사』, 서울: 탐구당, 1989

──────, 『이슬람사상사』, 서울: 민음사, 1987

김정위 편저, 『이슬람입문』, 한국외국어대학교, 1993

박기련, 「이슬람 무이자 은행에 관한 연구: 이란의 이슬람은행제도를 중심으로」, 한국외국어대학교 대학원,, 1994

박희영, 『세계의 문양』, 서울: 경인문화사, 1992

사이드 아불 아알라 마우두디, 쿠르시드 아흐만 영작, 홍순남 역, 『이슬람에로 올바른 접근』, 1982

손동화, 「무함마드 븐 압둘 와합의 이슬람사상에 관한 고찰」, 한국외국어대학교 대학원, 1989

송재우, 「중앙아시아 지역 국가의 이슬람 발전과정에 관한 연구」, 서울: 한국외국어대학교 대학원, 1995

신혜영, 「기독교와 이슬람 교리상에 나타난 결혼제도 비교연구」, 한국외국어대학교

대학원, 1994

심의섭, 홍성민 공저, 『현대 이슬람 경제론』, 서울: 집문당, 1987

심의섭, 홍성민 편저, 『이슬람 경제학』, 서울: 마루, 1985

앤 램톤, 김정위 역, 『중세 이슬람의 국가와 정부』, 서울: 민음사, 1992

유달승, 「호메이니의 이슬람법학자 통치론 연구」, 한국외국어대학교 대학원, 1992

이대헌, 「네덜란드 식민정부의 인도네시아 이슬람 정책에 관한 연구」, 한국외국어
　　　대학교 대학원, 1995

장순찬, 「기독교와 이슬람의 신조 비교연구」, 한국외국어대학교 대학원, 1986

잭 버드, 중동선교회 역, 『이슬람이란 무엇인가?』, 서울: 예루살렘, 1992

田中四郎 편, 『코오란의 신비: 사막의 불꽃 이슬람』, 서울: 대경출판사, 1975

최영길, 『이슬람 문화사』, 서울: 송산, 1990

──────, 『이슬람의 생활규범』, 서울: 명지대학교, 1985

Fouad Abd El-Salam Elkhazindar, 「이슬람의 한국 전파와 한국의 무슬림 실
　　　태조사」, 경희대학교 대학원, 1985

H.A.R. Gibb, 최준식, 이희수 역, 『이슬람-그 역사적 고찰』, 서울: 문덕사,
　　　1993

Henry Corbin, 김정위 역, 『이슬람철학사』, 서울: 대광, 1986

William M. Miller, 김철봉 역, 『이슬람을 향한 기독교의 책임』, 부산: 양문,
　　　1982

A.Ben Shemesh, *Taxation in Islam*, Leiden : E.G.Brill

A.Hamdi Akseki, *Islam Dini: Itikat, Ibadet ve Ahlak*, Ankara: Guzel
　　　Sanatlar Matbaasi, 1969

A.J.Arberry, *Revelation and Reason in Islam*, London: Allen & Unwin,
　　　1971

Abd-al-Aziz Abd-al-Qadir Kamil, *Islam and the Race Qustion*, Paris:
　　　Unesco, 1970

Abdel Rahman Mohammad Al-Najjar, *Al-Isra and al-Miraj: ascension of the holy prophet*, Cairo: The Supreme Coucil for Islamic Affairs

Abdul Azim Mansur, *Islam: Allahs Eternal Juisprudence*, Cairo: The Supreme Coucil for Islamic Affairs, 1973

Abdulaziz Abdulhussein Sachedina, *The Just Ruler in Shiite Islam*, New York: Oxford Univ. Press, 1988

Abdul Hakim Ali Al-Maghraby, *Islamic Values and Their Impact on Society*, Cairo: The Supreme Council for Islamic Affairs

Abdul Hamid A.Abu Sulayman, *The Islamic Theory of International Relations: New Directions for Islamic Methodology and Thought*, Herdon: International Institute of Islamic Thought, 1987

Abdul Haq, *Gerakan Islam di Korea dan Indonesia*, Yogyakarta: Dua Dimensi, 1985

Abdul Jalil Hassan, *Falsafah dan Pengetahuan Islam*, Kuala Lumpur: Dewan Bahasa dan Pustaka, 1973

Abdullahi Ahmed An-Naim, *Toward an Islamic Reformation: Civil Liberties, Human Rights, and International Law*, Syracuse, N.Y: Syracuse Univ. Press, 1990

Abdullah Siddik, *Intidasar Islam*, Kuala Lumpur: Penerbitan Pustaka Antara, 1969

Abdulrahman Abdulkadir Kurdi, *The Islamic State: A Study Based on the Islamic Holy Constitution*, New York: Mansell, 1984

Abdulwahid Dhanun Taha, *The Muslim Conquest and Settlement of North Africa and Spain*, New York: Routledge, 1989

Adeed Da wisha, *Islam in Foreign Policy*, New York: Cambridge Univ. Press, 1983

Ahmad Fathi Bahnasi, *The Theory of Social Defence in the Light of Islamic Jurisprudence*, Cairo: The Supreme Council for Islamic Affairs, 1974

Ahmad Ibrahim Abu Sin, *Pengurusan Dalam Islam*, Kuala Lumper:
　　Dewan Bahasa dan Pustaka, 1991

Ahmad Kamal Abdullah, *Unsur-unsur Islam: Dalam Puisi Melayu
　　Modern*, Kuala Lumpur: *Dewan Bahasa dan Pustaka*,
　　Kementerian Pendidikan Malaysia, 1988

Ahmad Rifai Hasan, *Warisan Intelektual Islam Indonesia*, Bandung:
　　Mizan, 1990

Akbar S. Ahmed, *Postmodernism and Islam: Perdicament and Promise*,
　　New York: Routledge, 1992

Akbar S. Ahmed and Hastings Donnan, *Islam, Globalization, and
　　Postmodernity*, New York: Routledge, 1994

Alaeddin Kharofa, *Hkum Islam Terhadap Jenayah Salman Rushdie*,
　　Kuala Lumur: A.S.Noordeen, 1993

Albert Hourani, *Islam in European Thought*, New York: Cambridge
　　Univ. Press, 1991

Alexandre Bennigsen, *Soviet Strategy and Islam*, New York: St.Martins
　　Press, 1989

Alfred Guillaume, *Islam*, New York: Penguin Books, 1956

Ali Salih Karrar, *The Sufi Brotherhood in the Sudan*, London: Hurst,
　　1992

Annermarie Schimmel, *Islamic Names*, Edinburgh: Edinburgh Univ.
　　Press, 1989

Ann K.S. Lambton, *State and Goverment in Medieval Islam: An
　　Introduction to the Study of Islamic Political Theory: The Jurists*,
　　New York: Oxford Univ. Press, 1981

Antony Kamm, *The Story of Islam*, Cambridge: Cambridge Univ.
　　Press, 1976

Anwar Harjono, *Hukum Islam: Keluasan dan Keadilannja*, Jakarta:

Butan Bintang, 1968

Anwar Iqbal Qureshi, *Fiscal System of Islam*, Lahore: Institute of Islamic Culture, 1978

Asaf Hussain, *Islamic Iran: Revolution and Counter-Revolution*, London: Frances Pinter, 1985

Assadullah Souren Melikian-Chirvani, *Islamic Metal Work form the Iranian World: 8th-18th Centuries*, London: HMSO, 1982

Asta Olesen, *Islam and Politics in Afghanistan*, Richmond, Surrey: Curzon, 1995

Auni Haji Abdullah, *Lintasan Sajarah Islam*, Kuala Lumper: Utusan, 1981

Aydin Sayili, *The Observatory in Islam and Its Place in the General History of the Observatory*, Ankara: Turk Tarik Kurumr Basimevi, 1960

Aziz Ahmad, *An Intellectural History of Islam in India*, Chicago: Edinburgh Univ. Press, 1969

Aziz Al-Azmeh, *Arabic Thought and Islamic Societies*, London: Croom Helm, 1986

Bernard Lewis, *Islam and the West*, Oxford: Oxford Univ. Press, 1993

Bernard Lewis, *The Political Language of Islam*, Chicago: University of Chicago Press, 1988

Binnaz Toprak, *Islam and Humanity's Need of It*, Leiden: E.J.Brill, 1981

C.A.O.Van Nieuwenhuijze, *The Life Styles of Islam: Recourse to Classicism Need of Realism*, Leiden: E.J.Brill, 1985

C.A. Qadir, *Philosophy and Science in the Islamic World*, New York: Routledge, 1990

C. van Dijk, *Darul Islam: Sebuah Pemberontakan*, Jakarta: Grafiti

Pers, 1983

Charles Cutler Torrey, *The Jewish Foundation of Islam*, New York: Ktav, 1967

Charles D. Smith, *Islam and the Search for Social Order in Modern Egypt*, Albany: State Univ. of New York Press, 1983

Charles E. Butterworth, *The Political Aspects of Islamic Philosophy: Essays in Honor of Muhsin S.Mahdi*, Cambridge, Mass: Harvard Univ. Press, 1992

Chibli Mallat, *Islamic Law and Finance*, Boston: Graham & Trotman, 1988

Christine Dobbin, *Islamic Revivalism in a Changing Peasant Economy: Central Sumatra, 1784-1847*, London: Curzon Press, 1983

Cyrill Glasse, *The concise encyclopedia of Islam*, San Francisco.: Harper, 1991

D.S.Richards, *Islam and the Trade of Asia: A Colloquium*, Oxford: B.Cassirer, 1970

David A. King, *Astromy in the service of Islam*, Hampshire: Brookfield, 1993

David Talbot Rice, *Islamic Art*, London: Thames and Hudson, 1975

Deborah L. Black, *Logic and Aristotles Rhetoric and Poetics in Medieval Arabic Philosophy*, New York: E.J.Brill, 1990

Deliar Noer, *Gerakan Moderen Islam di Indonesia 1900-1942*, Jakarta: LPES, 1982

Denis MacEoin and Ahmed Al-Shahi, *Islam in the Modern World*, London: Croom Helm, 1983

Dimitri Gutas, *Avicenna and the Aristotelian Tradition: Introduction to Reading Avicennas Philosophical Works*, New York: E.J.Brill, 1988

Doris Behrens-Abouseif, *Islamic Architecture in Cairo: An Introduction*, New York: E.J.Brill, 1989

E.H.Palmer, *Oriental Mysticism: A Treaties on Sufiistic and Unitarian Theosophy of the Persians*, London: F.Cass, 1969

Eric L.Ormsby, *Theodicy in Islamic Thought: The Dispute over al-Ghazalis "Best of all Possible Worlds"*, Princeton: Princeton Univ. Press, 1984

Ernst J.Grube, *The World of Islam*, London: Hamyn, 1966

Ernst Kuhnel, *The Minor Arts of Islam*, Ithaca: Cornell Univ. Press, 1971

Etan Kohlberg, *A Medieval Muslim Scholar at Work: Ibn Tawus and His Library*, New York: E.J.Brill, 1992

F.A.Klein, *The Religion of Islam*, London: Curzon, 1985

Farhang Rajaee, *Islamic Values and World View*, Lanham, MD: Univ. Press of America, 1983

Fatima Mernissi, *Islam and Democracy: Fear of the Modern World*, Mass.: Addison-Wesley Publication, 1992

Fazlur Rahman, *Islam & Modernity: Transformation of an Intellectual Tradition*, Chicago: Univ. of Chicago Press, 1982

Francis Robinson, *Atlas of the Islamic World since 1500*, New York: Facts On File, 1982

G.R. Hawting, *The First Dynasty of Islam: The Umayyad Caliphate, A.D. 661-750*, London: Croom Helm, 1986

George.F. Hourani, *Reason and Traditon in Islamic Ethics*, New York: Cambridge Univ. Press, 1985

George Michell, *Architecture of the Islamic World: Its History and Social Meaning, with a Complete Survey of Key Monuments*, London: Thames and Hudson, 1978

Ghulam Mohammed, *Religio-Legal System of Islam*, New Delhi: Al-Maroof Academy, 1989

Graham E. Fuller, *Islamic Fundamentalism in the Northen Tier Countries: An Integrative View*, Santa Monica: Rand, 1991

H.A.R. Gibb, *Islam: A Historical Survey*, Oxford: Oxford Univ. Press, 1980

H.A.R. Gibb, *Modern Trends in Islam*, New York: Octagon Bks, 1978

H.J. De Graaf dan Th.G. Th.Pigeaud, *Kerajaan-Kerajaan Islam Pertama di Jewa*, Jakarta: Grafitipers, 1978

H.M. Rasjidi, *Islam Menentang Komunisme*, Djakarta: Islam Studi Club Indonesia, 1965

H.Mahmud Junus dan H.M.Nur Asjik dan Imam Basjari, *Pedidikan gama Islam*, Djakarta: Penerbit, 1966

H.S.Bhatia, *Studies in Islamic Law, Religion, and Society*, New Delhi: Deep & Deep Publications, 1989

H.U.Rahman, *A Chronology of Islamic History 570-1000 C.E*, London: Mansell, 1989

Haim Shwarzbaum, *Biblical and Extra-Biblical Legends in Islamic Folk-Literature*, VFO, 1982

Hairudin Harun, *Daripada sains yunani kepada sains Islam*, Kuala Lumpur: Penerbit Universiti Malaya, 1992

Hajji Ibrahim, *Salient Features of Islam*, Cairo: The Supreme Council for Islamic Affairs

Hamdan Hassan, *Islam & Kebudayaan Kebangsaan*, Kuala Lumpur: Utusan, 1979

Hamid Algar, *Constitution of the Islamic Republic of Iran*, Berkeley: Mizan Press, 1980

Hamid Algar, *Islam et Politique Proche-Orient Aujourdhui*, Paris:

Gallimard, 1991

Hamid Enayat, *Modern Islamic Political Thought*, Austin: Univ. of Texas Press, 1982

Hamid Jusoh, *Kedudukan Undang-Undang Islam Dalam Perlembaggan Malaysia*, Kuala Lumper: Dewan Bahasa dan Pustaka, 1992

Hamka, *Peladjaran agama Islam*, Djakarta: Penerbit, 1967

Hamka, *Sejarah Umat Islam*, Kuala Lumpur: Dewan Bahasa dan Pustaka Antara, 1969

Helene Carrered Encausse, *Islam and the Russian Empire: Reform and Revolution in Central Asia*, London: Tauris, 1988

Henry Munson, Jr., *Islam and Revolution in the Middle East*, New Haven: Yale Univ. Press, 1988

Hilmi Ziya Ulken, *Islam Sanati*, Istanbul: Teknik Universitesi Matbaasi, 1948

I.M. Lewism, *Islam in tropical Africa*, Bloomingon: International African Institute in Association with Indiana Univ. Press, 1980

Ian Richard Netton, *A Popular Dictionary of Islam*, London: Curzon Press, 1992

Ilai Alon, Socrates in Mediaeval Arabic Literature, New York: E.J.Brill, 1991

Iliya Harik and Denis J.Sullivan, *Privatization and Liberalization in the Middle East*, Bloomington: Indiana Univ. Press, 1992

Ira M.Lapidus, *A History of Islamic Societies*, New York: Cambridge Univ. Press, 1988

Islam and Christian-Muslim Relations, Birmingham: CSIC

Islam: An Introduction, Karachi: Begum Aisha Bawany Wakf

Islam Ansiklopedisi, Istanbul: Milli Egitim Baslmevi, 1965

Ismail Kashmiri, *Prophet of Islam Muhammad and Some of His*

Traditions, Cairo: The Supreme Council for Islamic Affairs

Ismail Kashmiry, *On Conviction and Islam*, Cairo: The Supreme Council for Islamic Affairs

Iysa A.Bello, *The Medieval Islamic Controversy between Philosophy and Orthodoxy*, New York: E.J.Brill, 1989

J.D. Pearson, *Index Islamicus, 1906-1955*, London: Mansell, 1958

J.N.D. Anderson, *Islamic Law in the Modern World*, Conn.: Greenwood Press, 1975

J.S. Trimingham, *A History of Islam in West Africa*, Oxford: The University of Glassgow, 1962

J. Spencer Trimingham, *Christianity among the Arabs in Pre-Islamic Times*, New York: Longman, 1979

Jacob M. Landau, *The Politics of Pan-Islam: Ideology and Organization*, Oxford: Clarendon Press, 1990

Jafar Sharif, *Islam in India or the Qanun-i-Islam: the Customs of the Musalmans of India*, New Delhi: Oriental Bks Reprint Corp., 1972

Jamal J. Nasir, *The Islamic Law of Personal Status*, Boston: Graham & Trotman, 1990

Jamal J. Nasir, *The Status of Women under Islamic Law and under Modern Islamic Legislation*, Boston: Graham & Trotman, 1990

James P. Piscatori, *Islam in a World of Nation-States*, New York: Cambridge Univ. Press, 1986

James P. Piscatori, *Islam in the Political Process*, London: Royal Institute of International Affairs, 1983

Jamil M. Abun-Nasr, *A History of the Maghrib in the Islamic Period*, New York: Cambridge Univ. Press, 1987

Janhangir Amuzegar, *Irans Economy under the Islamic Republic*, New York: I.B.Tauris, 1993

John L. Esposito, *Islam and Politics*, Syracuse: Syracuse Univ. Press, 1991

John L. Esposito, *Islam in Asia: Religion, Politics, and Society*, Oxford: Oxford Univ. Press, 1987

John R. Presley, *Directory of Islamic Financial Institutions*, London: Croom Helm, 1988

John Ralph Willis, *Studies in West African Islamic History*, London: F.Cass, 1979

John Renard, *Images of the Spiritual Journey in Islamic Life and Thought*, Tokyo: Sophia Univ. 1985

John Spencer Trimingham, *Islam in East Africa*, New York: Books for Libraries, 1980

Joseph Schacht, *An Introduction to Islamic Law*, Oxford: Clarendon Press, 1964

Joyce Wiley, *The Islamic Movement of Iraqu Shias*, Boulder, Colo: Lynne Rienner Publishers, 1992

Judith E.Tucker, *Arab Women: Old Boundaries*, New Frontiers, Bloomington: Indiana Univ. Press, 1993

Julie Marcus, *A World of Difference*: Islam and Gender Hierarchy in Turkey, Atlantic Highlands, N.J., 1992

Kalim Siddiqui, *The Islamic Revolution in Iran*, London: Muslim Institute, 1980

Kamaluddin S.F., *Peladjaran Agama Islam*, Bandung: Dua-R

Kate Zebiri, *Mahmud Shaltut and Islamic Modernism*, Oxford: Clarendon Press, 1993

Kenneth W. Harrow, *Faces of Islam in African Literature*, Portsmouth: Heinemann, 1991

Khairuddin Haji Muhammad, *Seharah Islam*, Kuala Lumpur: Dewan

Bahasa dan Pustaka, 1964

Khurshid Ahmad, *Studies in Islamic Economics*, Jeddah: King Abdul Aziz Univ., 1980

Khurshid Ahmad, *Studies in the Family Law of Islam*, Karachi: Chiragh-E-Rah, 1959

Klaus Ferdinand and Mehdi Mozaffari, *Islam: State and Society*, London: Curzon Press, 1988

M.A.Mannan, *Islamic Economics: Theory and Practice: A Comparative Study*, Lahore: Ashraf, 1983

M.B.Hooker, *Islam in South-East Asia*, Leiden: E.J. Brill, 1988

M.G.D.K. Palit and P.K.S. Namboodiri, *Pakistans Islamic Bomb*, New Delhi: Vikas, 1979

M.J.Kister, *Society and Religion from Jahiliyya to Islam*, Hampshire: Variorum. 1990

M.M. Bravmann, *The Spiritual Background of Early Islam: Studies in Ancient Arab Concepts*, Leiden: E.J.Brill, 1972

M.Reda Bhacker, *Trade and Empire in Muscat and Zanzibar: Roots of British Domination*, New York: Routledge, 1992

M. Saeed Sheikh, *Islamic Philosophy*, London: Octagon Press, 1982

Mahmoud M. Ayoub, *Islam and the Third Universal Theory: The Religious Thought of Muammar al-Qadhdhafi*, New York: Kegan Paul International, 1991

Mahmud Rajavi, Mahmud Muhammadi & Akbar Mirsiah, *Teach Yourself Islamic Ideolgy*, Tehran: Foreign Dept. of Bethat Foundation, 1984

Mahmud Said Muhammad, *Islam Condemns Racial Discrimination*, Cairo: United Arab Republic. The Supreme Council for Islamic Affairs, 1967

Majid Fakhry, *A History of Islamic Philosophy*, New York: Columbia Univ. Press, 1983

Majid Khadduri, *The Islamic Conception of Justice*, Baltimore: Johns Hopkins Univ. Press, 1984

Masudul Alam Choudhury, *Islamic Economic Co-Operation*, New York: St. Martins Press, 1989

Masudul Alam Choudhury, *An Islamic Social Welfare Function*, Indianapolis: American Trust, 1980

Maulana Muhammad Ali, *The Religion of Islam: A Comprehensive Discussion of the Sources, Principles and Practices of Islam*, National Publication, 1978

Maxime Rodinson, *Islam and Capitalism*, Austin: Univ. of Texas Press, 1978

Michael Nazir-All, *Islam: A Christian Perspective*, Philadelphia: Westminster Press, 1983

Mohammad Hashim Kamali, *Principles of Islamic Jurisprudence*, Cambridge: Islamic Texts Society, 1991

Mohammad Maher, *Fight against Crime in Islam*, Cairo: The Supreme Council for Islamic Affairs, 1975

Mohammad Natsir, *World of Islam Festival Dalam Perspektif Sejarah*, Jakarta: Yayasan Idayu, 1980

Mohammed Gamal El Din El-Fandy, *Why I am a Believer*, Cairo: The Supreme Council for Islamic Affairs, 1972

Moojan Momen, *An Introduction to Shii Islam: The History and Doctrines of Twelver Shiism*, New Haven: Yale Univ. Press, 1985

Muhamed Haji Mahyuddin, *Kamus Pendidikan Islam Kbsm*, Kuala Lumper: Penerbit Fajar Bakti, 1993

Muhammad Akram Khan, *Glossary of Islamic Economics*, New York:

Mansell, 1990

Muhammad Al-Buraey, *Pembangunan Pentabiran Menurut Perspektif Islam*, Kuala Lumper: Dewan Bahasa dan Pustaka, 1992

Muhammad Atiya Al Ibrashi, *Education in Islam*, Cairo: The Supreme Council for Islamic Affairs, 1967

Muhammad b.Al *al-Sanusi and his brotherhood, Sufi and Scholar on the Desert Edge*, London: Hurst & Company, 1995

Muhammad Jamaluddin El-Fandy, *On Cosmic Verses in the Quran*, Cairo: The Supreme Council for Islamic Affairs

Muhammad Muhammad Al-Madani, *The Moderation of Islam*, Cairo: The Supreme Council for Islamic Affairs

Muhammad Nejatullah Siddiqi, *Some Aspects of the Islamic Economy*, Lahore: Islamic Publication, 1978

Muhammad Nejatullah Siddiqu, *Issues in Islamic Banking: Selected Papers*, Leicester: Islamic Foundation, 1983

Muhammad Nejatullah Siddiqu, *Muslm Econimic Thinking: A Survey of Contemporary Literature*, Jeddah: International Centre of Research in Islamic Economics, 1981

Muhammad Qutb, *Islam the Misunderstood Religion*, Kuwait: Ministry of Awqaf & Islamic Affairs, 1964

Muhammad Taghi Rahbar, *Punishment of Theft in Islamic Penal Code*, Tehran: Foreign Department of Bethat Foundation, 1982

Muhammad Youssef Moussa, *Islam and Humanity's Need of It*, Cairo: United Arab Republic. The Supreme Council for Islamic Affairs

Muljanto Sumardi, *Islamic Education in Indonesia: A Bibliography*, Singapore: Institute of Southeast Asian Studies, 1983

N.J.Coulson, *A History of Islamic Law*, Edinburgh: Edinburgh Univ. Press, 1978

Nabil A. Saleh, *Unlawful Gain and Legitimate Profit in Islam Law: Riba, Gharar, and Islamic Banking*, Boston: Graham & Trotman, 1992

Nazih N. Ayubi, *Political Islam: Religion and Politics in the Arab World*, New York: Routledge, 1991

Nicholas Lowick, *Coinage and History of the Islamic World*, London: Variorun, 1990

Oliver Leaman, *An Introduction to Medieval Islamic Philosophy*, Cambridge: Cambridge Univ. Press, 1985

Olivier Roy, *The Failure of Political Islam*, Cambridge, Mass: Harvard Univ. Press, 1994

P.J.Vatikiotis, *Islam and the State*, New York: Routledge, 1991

P. Poliakov, *Everyday Islam: Religion and Tradition in Rural Central Asia*, Armonk: M.E.Sharpem, 1992

Paul Lunde and Justin Wintle, *A Dictionary of Arabic and Islamic Proverbs*, London: Routledge & Kegan Paul, 1984

Penyuting: Harun Nasution dan Bahtiar Effendy, *Hak Azasi Manusia Dalam Islam*, Jakarta: Diterbitkan untuk Yayasan Obor Indonesia, 1987

R.Campbell, *Society and Economics in Islam*, Berkeley: Mizan Press, 1982

R.Hrair Dekmejian, *Islam in Revolution: Fundamentalism in the Arab World*, Syracuse, N.Y: Syracuse Univ. Press, 1985

R.Stephen Humpherys, *Islamic History: A Framework for Inquiry*, Princeton.: Princeton Univ. Press, 1991

Rene A. Bravmann, *African Islam*, Washington D.C: Smithsonian Institution Press, 1983

Rene Lemarchand, *The Green and the Black: Qadhafis Policies in*

Africa, Bloomington: Indiana Univ. Press, 1988

Reuben Levy, *The Social Structure of Islam: Being the Second Edition of the Sociology of Islam*, Cambridge: Cambridge Univ. Press, 1969

Reynold Alleyne Nicholson, *Studies in Islamic Mysticism*, Richmond, Surrey: Curzon Press, 1994

Richard B.Parker, *The Politics of Miscalculation in the Middle East*, Bloomington: Indiana Univ. Press, 1993

Richard N.Frye, *Islamic Iran and Central Asia(7th-12th Centuries)*, London: Variorum Reprints, 1979

Richard Tapper, *Islam in Modern Turkey: Religion, Politics, and Literature in a Secular State*, New York: I.B. Tauris, 1991

Robert H. Eisenman, *Islamic Law in Palestine and Israel*, Leiden: E.J.Brill, 1978

S.D.Goitein, *Studies in Islamic History and Institutions*, Leiden: E.J.Brill, 1968

S.H.Homoud, *Islamic Banking: The Adaptation of Banking Practice to Conform with Islamic Law*, London: Arabia Information, 1985

Sana Ahmad Al-Humoud, *Changing Attitudes in Literary Relations Between the Islamic East and Christian West with Primary Emphasis upon the Nineteenth Century*, Ann Arbor: University Microfilms International, 1990

Sayyid Abul Ala Maududi, *Towards Understanding Islam*, Lahore: Islamic Pub. 1940

Seyyed Hossein Nasr, *Ideals and Realities of Islam*, London: Allen & Unwin, 1975

Seyyed Hossein Nasr, *Islamic Sprituality: Foundations*, London: Routledge, 1987

Shaharir bin Mohamad Zain, *Pengenalan Tamadun Islam Dalam Sain dan Teknologi*, Kuala Lumper: Dewan Bahasa dan Pustaka, 1989

Shaybanis Siyar, *The Islamic Law of Nations*, Baltimore: Johns Hopkins Press, 1966

Sidi Gazalba, *Ilmu Islam*, Kuala Lumpur: Utusan, 1978-82

Sidik Sudarsono, *Masalah Administratif Dalam Perkawinau Umat Islam Indonesia*, Djakarta: Fa

Slamet Muljana, *Runtuhja Keradjaan Hindu Djawa dan Timbulnja Negaraz Islam di Nusantara*, Djakarta: Bhratara, 1968

Sulaiman Noordin, *Sains Falsafah dan Islam*, Bangi: Pusat Pengajian Umum, 1992

Sultan Veled, *Maarif, Ceviren: Tarikahya*, Ankara: Milli Egitim Basimevi, 1949

Suut Kemal Yetkin, *Islam Sanati Tarihi*, Ankara: Guven Basimevi, 1954

Syed Ameer Ali, *Sejarah Evolusi dan Keunggulan Islam*, Kuala Lumpur: Dewan Bahasa dan Pustaka Antara, 1992

Syed Nawab Haider Naqvi, *Ethics and Economics: An Islamic Synthesis*, London: The Islamic Foundation, 1981

Syed Nawab Haider Naqvi, *Islam, Economics, and Society*, London: Kegan Paul International, 1994

T.J. de Boer, *The History of Philosophy in Islm*, Richmond, Surrey: Curzon Press, 1994

T.W.Arnold, *The Preaching of Islam: A History of the Propagation of the Muslim Faith*, Delhi: Low Price Publications, 1990

Timothy D. Sisk, *Islam and Democracy: Religion, Politics, and Power in the Middle East*, Washinton, D.C.: United States Institute of Peace, 1992

W. Montgomery Watt., *Islamic Revelation in the Modern World*, Edinburgh: Edinburgh Univ. Press, 1969

W. Montgomery Watt, *Bells Introduction to the Quran*, Edinburgh: Edinburgh Univ. Press, 1977

W. Montgomery Watt, *The Formative Period of Islamic Thought*, Edinburgh: Edinburgh Univ. Press, 1973

W. Montgomery Watt, *The Influence of Islam on Medieval Europe*, Edinburgh: Edinburgh Univ. Press, 1994

Walter J. Fischel, *Jews in the Economic and Political Life of Mediaeval Islam*, London: The Royal Asiatic Society of Great Britain and Ireland, 1968

Wiiliam E. Gohlman, *The Life of Ibn Sina: A Critical Edition and Annotated Translation*, New York: State Univ. of New York Press, 1974

Wilferd Modelung, *Religious and Ethnic Movements in Medieval Islam*, Aldershot, Hampshire: Variorum, 1992

William L. Clevelang, *Islam against the West: Shakib Arslan and the Campaign for Islamic Nationalism*, London: Al Saqi Books, 1985

William Montgomery Watt., *Islamic Creeds: A Selection*, Edinburgh: Edinburgh Univ. Press, 1994

William Montgomery Watt., *Islamic Fundamentalism in Egyptian Politics*, New York: St. Martins Press, 1990

Wolfgang Behn, *Islamic Revolution or Revolutionary Islam in Iran*, Berlin: Adiyok, 1980

Yaxoub Szynkiewicz, *The Teaching of Islam: In Verses from the Koran*, Cairo: Al-Ahram Press

Yehya S. Al-Dijaili, *An Inquiry into the True Relationship between Sufism and Islam*, Ann Arbor: UMI, 1987

Yvonne Yazbeck Haddad, Byron Haines, Ellison Findly, *The Islamic Impact*, Syracuse: Syracuse Univ. Press, 1984

Ziaud din Ahmed, Munawar Iqbal, M. Fahim Khan, *Fiscal Policy and Resource Allocation in Islam*, Islamabad: Institute of Policy Studies, 1983

Ziauddin Ahmed, Munawar Iqbal, M.Fahim Khan, *Money and Banking in Islam*, Islamabad: International Centre for Researdh in Islamic Economics, 1983

이슬람연구소 소장 도서목록

강성광, 『중국은 지금』, 죠이선교회, 1995

공일주, 『아랍문화의 이해』, 대한교과서, 1996

공일주, 『아랍어문법』, 예영커뮤니케이션, 1995

글린 마이어스, 『세계를 품는 그리스도인이 되려면』, 죠이선교회, 1992

김대섭, 「이슬람교의 예수이해와 무슬림 선교전략」, 서울신학대학교 신학대학원, 1995

김상복 편저, 『구소련선교핸드북』, 횃불, 1992

김아영, 「꾸란의 예수이해」, 이화여대 대학원, 1993

김영호, 『천년의 미소 인도네시아』, 정보여행, 1995

김인영, 「민속이슬람 선교전략에 관한 연구」, 총신대학교 신학대학원, 1995

김종두, 『만화로 보는 세계기도정보上』, 죠이선교회, 1996

김주홍, 「나왈 알-사으다위 Nawal al-Sa'dawi의 페미니즘 글쓰기를 통해서 본 이집트 여성 문제」, 명지대학교대학원, 1995

노먼 루이스, 이숙희역, 『최우선 과제 하나님은 무엇을 원하시는가?』, 죠이선교회, 1992

노봉린, 『미전도종족 선교정보 2집』, 횃불, 1995

노오만 앤더슨, 민태운역, 『세계의 종교들』, 생명의 말씀사, 1992

「논문집」 제2집, 한국성서신학교 선교문제연구소, 1994

데쓰나오 야마모리, 이현모 역, 『미전도종족 이렇게 접근하라』, 죠이선교회, 1994

데이비드 보쉬, 전재옥역, 『세계를 향한 증거』, 두란노 신학시리즈13, 1993

데이빗 애드니, 『중국선교 교회의 대장정』, IVP, 1992

데이빗 형제, 『왕명도 -중국』, 모퉁이돌 신서1, 예영, 1994

데입빗 브라이언트, 『기도합주회』, 죠이선교회, 1993

돈 해밀톤, 정진환 역, 『자비량선교사들은 이렇게 말한다』, 죠이선교회, 1991

라민 싸네, 전재옥역, 『선교신학의 이해』, 대한기독교서회, 1993

레나 테일러, 정민영역, 『선교현장 이야기』, 한국기독학생회, 1991

로버트 콜만, 임태순역, 『오늘의 전도 어떻게 볼것인가?』, 죠이선교회, 1993

로빈 톰슨, 이득수역, 『세계선교출발』, 한국기독학생회, 1992

로저스티어 쉘라 그로브, 조은혜역, 『사랑으로 가능한 길』, 죠이선교회, 1995

마저리 휘일, 유경애역, 『영광스러운 상처』, 죠이선교회, 1993

모리스 뷔까이유, 이석훈 역, 『성경과 꾸란과 과학』, 신지평, 1993

무함마드 깐수, 『신라 · 서역교류사』, 단국대학교 출판부, 1992

무함마드 아따울 라힘, 이석훈 역, 『예수 신의 예언자』, 신지평, 1993

문애희, 「나지브 마흐푸즈의 소설 연구」, 한국외국어대학교 학위논문, 1994

『민족과 문화』, 한양대학교 민족학연구소, 1993

박영지, 『종교학개설』, 기독교문서선교회, 1993

박영지, 『하나님과 함께 하는 삶』, 성광문화사. 1994

박종상, 「아프가니스탄을 향한 선교전략」, 장로회신학대학교 신학대학원1995

버나드 루이스, 김호동 역, 『이슬람문명사』, 이론과 실천, 1994

봅 쇼그렌, 이숙희역, 『마침내 드러나다』, 죠이선교회, 1995

브라더 앤드류, 이숙희역, 『하나님의 마음을 움직이는 기도』, 죠이선교 회, 1995

사이애드 아불 아알라 마우두디, 압바스 홍순남 역, 『이슬람의 이해』, 한국 이슬람
        교 중앙연합회, 1990

『선교사 기도정보 자료집』, 대한예수교장로회 총회선교부, 1996

『선교정탐훈련 표준강의안』, 한국세계선교협의회 미전도종족입양본부, 1996

선교한국94, 『모든 족속마다 교회를! 모든 사람에게 교회를!』, 1995

세르게이 토카레프, 『세계의 종교』, 한국종교연구회역, 사상사, 1991

셔우드 링엔펠터 마빈메이어스, 왕태종역, 『문화적 갈등과 사역』, 죠이선교회,
        1995

송인규, 『디아스포라의 현주소 -미주한인교회의 실상과 공동체적 비젼』, 예영,

1994

쉐이크 빌키스, 박양미 역, 『어느 이슬람여인의 회심』, 임마누엘, 1992

심석윤, 「인도 수피이슬람 종교사상과 그에 대응하는 한국교회의 선교전략, 아세아
        연합신학대학원, 1987

아부드 알파디, 최진희역, 『코란과 복음서에 나타난 예수』, 죠이선교회, 1994

안점식, 『세계관과 영적 전쟁』, 죠이선교회, 1995

앤쿠퍼, 『우리형제 이스마엘- 이슬람교에 대한 성경적 고찰』, 두란노 선교시리즈
        12, 1992

에일린빈센트, 『C.T.스터드와 프리실라』, 죠이선교회, 1994

엘리자벧 자일러, 박혜경역, 『부르신 자는 인도하신다 -중국』, 무실, 1992

『예배입문』, 한국이슬람 중앙회 선교위원회, 1991

『요르단과 한국의 정치~경제모형에 관한 비교연구』, 중동문제연구소, 외국학종합
        연구센터, 1992

유부웅, 『아프리카 기독교는 아프리카를 구원하고 있는가?』, 미션월드, 1992

유정준, 「모로코의 언어상황에 관한 연구」, 한국외국어대학교 대학원, 1996

이계연, 「아랍어 무역서한의 번역연구」, 한국외국어대학교 통역대학원, 1994

이동은, 「칼릴라와 딤나」, 한국외국어대학교 대학원, 1995

이병구, 『중동 이슬람세계를 선교하기 위한 선교단체의 선교전략』, 1995

이븐 할둔, 김용선 역, 『이슬람사상』, 삼성출판사, 1992

이소벨 쿤, 전재옥 역, 『추구 -중국』, 생명의 말씀사, 1992

이슬람연구소, 『무슬림은 예수를 누구라 하는가?』, 예영커뮤니케이션, 1995

이슬람연구소, 『이슬람의 이상과 현실』, 예영케뮤니케이션, 1996

이승수, 『미전도지역 무슬림세계를 향한 선교』, 예루살렘, 1992

이영민, 『추적놀이를 합시다』, 예루살렘, 1995

이종택, 『표준아랍어-한국어사전』, 명지대학교 아랍어과

이태웅, 『한국선교의 이론과 실제』, 한국해외선교회, 1994

이희수, 『한 · 이슬람 교류사』, 문덕사, 1992

『잊혀진 땅 -터어키』, 중동지역 선교를 위한 소책자1, 중동선교회, 1992

자네트 발렌트 화이트, 전재옥 편역, 『에스더 꺼마르 -파키스탄』, 두란노, 1992

잭버드, 중동선교회 역, 『이슬람이란 무엇인가』, 예루살렘, 1992

전재옥, 『타문화권 선교이해』, 충현교회 세계선교연구원

전재옥, 『파키스탄 나의 사랑』, 두란노 선교시리즈11, 1993

정선숙, 「기독교와 이슬람교의 구원관 비교연구」, 명지대학교 대학원, 1994

정영섭, 「이슬람분파 연구와 선교적 제안」, 총신대 신학대학원, 1994

제임스 F.엥겔, 정진환역, 『당신의 메세지는 전달되고 있는가?』, 죠이선교회,
        1992

조나단 루이스, 『열방을 향하여』, 한국해외선교회, 1994

조석만, 『삶을 말한다』, 잠언, 1995

조성범, 『기능인 세계선교』, 기픈산, 1992

조지 오티스 2세, 『마지막 대적』, 죠이선교회, 1995

조지 오티스 주니어 & 마크 부룩맨, 『10/40 창문에 비쳐진 견고한 진』, 예수전도
        단, 1996

존 엘더, KTM 편집부 역, 『무슬림을 향한 성경적 접근』, 펴내기, 1992

「중동연구」 제11-15호, 중동연구소

『중동학문헌록』, 중동문제연구소, 한국외국어대학교 외국학종합연구센터, 1992

『총회선교사 행전』, 대한예수교장로회총회 선교부, 1994

최영길, 『꾸란해설』, 송산출판사, 1988

최정만, 『한국 개신교 선교토착화의 역사적 전개』, 한국복음주의 선교신학회,
        1990

『최찬영이야기』, 죠이선교회, 1995

칼빈 베이스너, 조은혜역, 『친구를 위한 작은 변증』, 죠이선교회, 1995

캘시피니, 『윌리암캐리』, 김명희역, 죠이선교회, 1995

『코란, 한글번역본』, 이슬람 국제출판국, 1988

콜린 채프만, 『가서 너도 이와 같이 하라』, 이슬람연구소 감수, 죠이선교회, 1995

쿠르쉬드 아흐만 편저, 이석훈 역, 『이슬람 그 의의와 메시지』, 우리터, 1993

크리스틴 말루히, 『미니스커트 어머니 그리고 모슬렘』, 예수전도단, 1996

테리 헐버트, 『오늘의 세계선교』, 생명의 말씀사, 1979

토마스 헤일, 박재형 역, 『의료선교의 모험과 도전』, 건생, 1996

티모씨 워너, 안점식역, 『영적 전투』, 죠이선교회, 1994

패트릭 존스톤, 『세계기도정보』, 죠이선교회, 1995

페이스 베일리, 『버마선교사 져드슨의 생애』, 생명의 말씀사, 1981

폴린 해밀톤, 전재옥 편역, 『다른 행진곡 -중국』, 죠이선교회, 1994

필파샬, 이숙희 역, 『십자가와 초승달』, 죠이출판사, 1994

하버트 케인, 민명홍역, 『세계를 품는 그리스도인 왜 되어야하는가?』, 죠이선교회,
        1994

하 지사브리, 『하디스』, 한국 이슬람교 중앙연합회, 1978

『한국선교사 및 선교단체 편람』, 한국해외선교회 출판부, 1992

『한국선교총람』, 한국기독교선교단체협의회, 1996

『한국선교총람』, 한국기독교선교단체협의회, 1996

『한국세계선교지도자주소록』, 한국세계선교회, 1996

「한국이슬람학회논총」 제1-5집, 한국이슬람학회

「한국중동학회논총」 창간호, 9호, 12호, 15호

한제호, 『그리스도의 속죄의 완전성』, 한국신학총서1, 예영, 1994

함무다 압달라티, 『이슬람의 실상』, 한국 이슬람교 중앙연합회, 1990

『현대아랍어』, 이슬람연구소, 1995

홍성민, 『중동경제론』, 명지출판사, 1992

K.P.요하난, 안진원 김명희역, 『무너진 성벽을 막아서라』, 죠이선교회, 1992

K.P.요하난, 조은혜역, 『다가오는 세계선교의 혁명』, 죠이선교회, 1995

김철수, *Missiolgical Understanding of the Swahili Muslims in Zanzibar*,
        Michigan: UMI, 1995

손윤경, *Islam in Korea*, Michigan: UMI, 1993

Abdallah Frangi, *The PLO and Palestine*, translated by *Paul Knight*,
        London: Zed Books, 1983 ABD Al-masih, *The Great Deception*,

Villach: *Light of life*, 1995

———, *World Muslim Population Growth 1970-2000*, Villah: Light of Life

AbdulWahid Hamid, *Islam the Natural Way*, London: MELS, 1989

Abdiyah Akbar Abodul-Haqq, *Sharing Your Faith with a Muslim*, Minnesota: Bethany House Publishers ,1980

Abun-Nasr.Jamil Mr, *A History of the Maghrib in the Islamic* Period: Cambridge University Press, 1987

Ahmed Hassanein Mona Kamel, *Let's chat in Arabic*, The American University in Cairo

Albert Nolan, *Jesus Before Christanity*, London: Darton, Longman & Todd, 1992

Aleksandr Belenitsky, *Central Asia*, Geneva: Nagel publisher, 1968

Alhaj A.D.Ajijola, *The Myth of the Cross*, Lahore: Islamic Publications, 1975

Al-Sayyid Marsot. Afaf Lutfi, *A Short History of Modern Egypt*, New York: CambrdigeUniversity Press, 1985

Andrew and Janet Person, *Sudanese Colloquial Arabic for Beginners*, England: Summer Institute of Linguistics

Anne cooper, *Ismael My Brother*, Tunbridge Wells: MARK Monark Publication, 1993

Arabica, Paris: E..J.Brill, 1993

Attar Chand, *Islam and the New World Order*, New Delhi: Akashdeep Publishing House, 1992

Bassam M.Madany, *The Bible and Islam*, The Back to God Hour, 1992

Bennigsen Alexandre & Wilmbush S.Enders, *Muslims of the Soviet Empire*, Indianapolis: Indiana University Press, 1986

Betty Maher, *Woman Journeying*, Dubin: The Columba Press, 1994

Bienvenido S.Tudtud, *Dialogue of Life and Faith*, Quezon: Claretian
  Publications, 1988

Bill & Amy Stearns , *Catch the Vision 2000*, Minnesota : Bethany
  House Publisher, 1991

Bill Musk, *Passionate Beliving*, Tunbridge Wells: MARK. 1984

Bill Musk, *The Unseen Face of Islam*, Tunbridge Wells: MARK. 1989

Bill Musk, *Touching the Soul of Islam*, Crowborough: MARC , 1995

Bowen. John R, *Muslim though Discourse*, New Jersey: Princeton
  University Press, 1993

Boyros Deif A.Abedalla, *The Biblical Concept of Salvation in the
  Contemporary Context of Aigupton*, 1995

Byignaz Goldziher, *Introduction to Islamic Theology and Law*, Princetin:
  Princeton University Press,1981

C.G.Pfander, *Balance of Truth*, Villach: Light of life, 1986

C. Goden Olson, *What in the World IS God Doing?*, Cedar Knolls:
  Global Gospel Publisher ,1994

C. Peter Wagner, *Engaging the Enemy*, California: Regal Books, 1991

Charles Amjad-Ali and Christine Amjad-Ali, *But the Spirit Gives Life*,
  Rawalpindi: Christian Study Centre, 1993

Colin Chapman, *Cross & Crescent*, Leicester: Inter-Varsity Press, 1995

——, *You Go and the Same*, Church Missionary Society, 1983

Cyril Glasse, *The Concise Encyclopedia of Islam*, HarperSanFrancisco,
  1991

David Sungin Han, *Jendela Firman*, Seoul: Yayasan Misi Lituratur
  Korea Untuk Daeah Islam, 1993

De Lacy O'leary, D.D, *Arabia Before Muhammad*, New York :
  E.P.Dutton Co, 1927

Die Welt Des Islams, E.J.Brill, 1993

Documentation of performing arts & Crafts in Asia and Computer Retrival Systems, Islamad: Lok virsa

Doug Cozart & Won Sul Lee, *Haggai Vision Action*, Singapore: Haggai Center for Advanced Leadership, 1994

Easter Sangster, *The Torn Veil*, London: Marshall Pickering, 1984

Edward Westermarck, *Pagan Survivals in Mohammedan Civilisation*, Amsrerdan: PhiloPress, 1933

Ernest Gellner, *Muslim Society*, London: Cambridge University Press, 1981

Eva Isaksson, *Women and the Military System*, New York: St. Martin's Press, 1988

Eve Brook & Ann Davis, *Women, the Family and Social Work*, New York: Tavistock Publication, 1985

F.A.Klein, *The Religion of Islam*, London Curzon press , 1985

Fatima Hernissi, *Hidden from History Forgotten Queens of Islam*, Lahore: ASR, 1993

Fazlur Rahman, *Islam*, Chicago: Chicago University Press, 1979

Foster and Richard, *Churches that Obey Taking the Great Commission Seriously*, Carisle: OM Publishing , 1995

Frances Iliff, *Salam Alekum!*, London: Interserve, 1995

Frank Kaleb Jansen, *An Inquiry Into The Progress of World Evangelization Toward Anno Domini 2000*, The Peoples of the World 1,2, Adapt-A-People Clearinghouse 1,2

Gaudenclo Rosales,D.D. & C.G.Arevalo,S.J, *For all the peoples of Asia*, Quezon city: Claretian Publication, 1992

Geisler and Saleeb, *Answering Islam*, Michigan: Baker Books , 1993

General Mac Munn, *Afghanistan*, Quetta: Nisa Traders, 1979

Gerhard Nehls, *Christisans Answer Muslims*, Bellville: SIM

International/Life Challenge, 1988

Greg Livingstone, *Planting Churches in Muslim Cities*, Michigan: Baker Book House, 1993

Gunter, Michael M, *The Kurds in Turkey A Political Dilemma*, San Francisco: Westview Press, 1990

Iskander Jadeed, *For the Sake of Truth*, Rikon: The Good Way, 1991

Islam and Christian Muslim Relation, Oxfordshire: Carfax, 1995.6

Islamic Law and Society, E.J.Brill, 1994.1

J. Christy Wilson, *More to be Desired than Gold*, South Hamilton: Gordon-conwell theological seminary, 1994

J.D.Kraan, *Religious Education in Islam*, Lawalpindi : Christian Study Centre, 1984

J. Dudley Woodberry, *Muslims & Christians on the Emmaus Road*, Monrobia: MARC, 1989

John L.Esposito, *Islam in Asia*, Oxford: Oxford university Press, 1987

J.Paul Rajashekar & H.S.Wilson, *Islam in Asia*, Geneva: Lutheran World Faderation, 1992

J. Samuel Hofman, *Mission Work in Today's World*, Pasadena: California: William Carey Library, 1993

Jacob D.H.Lee, *China's 55 Ethnic Minorities*, Watsom: Youth With a Mission, 1995

James Batal, Assignment: *Near East*, Freindship Press, 1950

————, Assignment: *Near East*, Freindship Press, 1950

Jens Christensen, *The Practical Approach to Muslims*, The North Africa mission, 1977

Jens Enevoldsen, *Selections from Rabman Baba*, Denmark: Poul Krisrensen, 1977

John Ghichrist, *The Christian Witness to the Muslim*, Republic of

South Africa: Jesus to the Muslims, 1988

John Haggai, *Lead on!*, Dallas : Word Publishing,1986

John Rooney M.H.M, St, Thomas and Taxila, *Pakistan christan history 1*, Lawalpindi: Christian Study Centre, 1988

――――, Symphony on Sands, *Pakistan Christian History monograph1-6*, Lawalpindi: Christian Study Centre, 1988

Joseph Schacht, *An Introduction to Islamic Law*, Oxford: Clarendon Press. 1964

Jounal of Arabic *Literature XXIV-1993*, Leiden: E.J.Bril, 1993

Joyce Moss.George Wilson, *The Middle East and North Africa*, Detroit: Gale Research Inc, 1992

Julla Leslie, *Roles and Rituals for Hindu Women*, Delhi: Motilal Banarsidass Publishers, 1992

Khalid Hasan, *The Umpire Strikes Back People & Politics in Pakistan*, Lahore: Vanguard Books, 1988

Khalid Mahmud, *Pakistan's Political Scene1984-1992*, Lahore: Rhotas Books, 1992

Khawar Mumtaz & Farida Shaheed, *Women of Pakistan*, Lahore: Vanguard Books,1987

Larry G. Lenning, *Blessing in Mosque and Mission*, Calrifornia: William Carey Library, 1980

Larry W. Caldwell, *Missions and You*, Metro Manila: OMF, 1994

Laurits Vemmelund, *The ChristIan Minority in the North West Frontier Province of Pakistan*, C.S.C. series 6, Rawalpindi : Ferozsons, 1973

Lewis, *WORLD MISSION*, Pasadena, : William Carey Library, 1994 1) The Biblical, Historical Foundation 2) The Strategiic Dimension 3) Cross-Cultural Considerations

Louis Bahjat Hamada, *Understanding the Arab World*, Nashville:
 Tomas Nelson Publishers, 1990

Lt. Ceneral sir George Macmunn, *Afghanistan*, Quetta: Nisa Trades,
 1979

M.A.Wani, *Maintenance Rights of Muslim Women*, New Delhi:
 Genuine Publications, 1987

 M.Geijbels & J.S.Addleton., *The Rise and Development of Urdu and
 the Importance of Regional Languages in Pakistan*, Lawalpindi:
 Christan Study Centre

M.Geijbels, *Muslim Festivals and Ceremonies in Pakistan*, Lawalpindi:
 Christian Study Centre, 1989

M.Hanif Raza, *Culture caravan of Pakistan*, Islamabad: Colorpix

M. Yusuf Islahi, *Etiquettes of Life in Islam*, Lahore: Islamic
 Publication, 1993

Marshall G.S.Hodgson, *The Venture of Islam1,2,3*, Chicago: Chcago
 University Press, 1974

Marwan Ibrahim Al-Kaysi, *Morals and Manners in Islam*, Wiltshire:
 The Islamic Foundation, 1986

Mattew Lederle,S.J, *Christan Painting in India*, Anand: Gujarat
 Sahitya Prakash

Maurice B.Salib, *Spoken Arabic of Cairo*, The Amarican University in
 Cairo Press, 1989

Mello,S.J, *Call to Love*, Anand, Gujarat Sahitya Prakash, 1993

————, *One Minute Nonsense*, Anand: Gujarat Sahitya Prakash, 1992

————, *One Minute Wisdon*, Anand: Gujarat Sahitya Prakash, 1989

Menes Abdul Noor, *Love never Fails -1 Corinthians of love*, Stuttgart:
 Call of Hope, 1994

————, *Miracles of Christ*, Stuttgart: Call of Hope, 1995

Mirza Ghunam Ahmad, *The Teaching of Islam*, London: Darf Publishers, 1984

Mohammad Zia Ullah, *Islamic Concept of God*, London: Kegan Paul Inc, 1984

Montgomery Watt, *Islamic Philosophy and Theology*, Edinburhg: The University Press, 1987

————, *What is ISLAM?*, Longman London: Librarie du Liban, 1979

Moojan Momen, *An Introduction to Shi'i Islam*, New Haven: Yale University Press, 1985

Muhammad Faiz Almath, *1100 Hadits Terpilih*, Jakarta: Gema insani Press, 1994

Muhammad Imran, *Ideal Women in Islam*, Lahore: Islamic Publications, 1993

Mumtaz Shah Nawaz, *The Heart Divided*, Lahore: ASR, 1957

Nawal El Saadawi, *Woman at Point Zero*, Lahore: ASR Publications, 1994

News from the Country Pakistan 1980-84, Lawalpindi: Christian Study Centre, 1985

Nigbat Said Kban, *Voices within*, Lahore: ASR, 1992

Nurul Zaman Ahmad Auj, *Cholistan Land and People*, Maltan Cantt: Caravan Book, 1991

P.Lewis, Pirs, *Shrines and Pakistani Islam*, Lawalpindi: Chrtistian Study Centre, 1985

Parry.V.J, *A History of the Ottoman Empire to 1730*, New York: Cambridge University Press, 1976

Paul G .& Frances F. Hibert, *Case Studies in Missions*, Michigan: Baker Book House, 1989

Peter Clarke, *The World's Religions Islam*, London: Routledge, 1988

Peter Gordon Gowing, *Muslim Filipinos–Heritage and Horizon*, Quezon city: New Day publishers, 1979

Phil Parshal, *Bridges to Islam*, Michigan: Baker Books, 1983

────, *Inside the Community*, Michigan: Baker Books, 1994

────, *New Paths in Muslim Evangelism*, Michigan: Baker Books, 1980

Profles of Islamic Countries, Tehran : Islamic Propagatic Organization

R. Arthur Mathews, *Born for Battle*, Wheaton: OMF book Harold Shaw publishers, 1993

R.J.Raja S.T, *You are Free*, Bangalore: NBCLC, 1993

Rafiullah Shahab, *Muslim Women in Political Power*, Lahore: Maqbool Academy, 1993

──────── , *Rights of Women in Islamin Shariah*, Lahore: Indus Publishing House, 1986

S. Abul A'la Haudui, *Islamic Law and Constitution*, Lahore: Islamic Publications, 1992

S.Abul A'la Maududi, *Purdah and the Status of Women in Islam*, Lahore: Islamic Publications,1993

S.D. Islahi, *Islam at a Glance*, Lahore: Islamic Publications, 1994

Safia Iqbal, *Woman and Islamic Law*, Lahore: Islamic Publication, 1989

Samar Attar, *Modern Arabic*, Beirut: Librairie du Liban, Typo Press, 1988

Samuel M.Zwemer, *The Moslem Doctrine of God:* American Tract Society, 1905

────, *The Muslim Christ*, Oliphant, Birmingham: Anderson & Ferrier, 1912

Sayyid Abul *A'la Mawdudi*, *Let Us Be Muslims*, Lahore: The Islamic Foundation, 1982

Seyyed Hossein Nasr, *Islam and the plight of Modern Man*, Lahore: Suhail Academy, 1988

Sherwood G. Lingenfelter, *Transforming Culture*, Michigan: Baker Book House, 1992

Sibte Hasan, *The Battle of Ideas in Pakistan*, Kaeachi: Pakistan Publishing House, 1989

Sister Gulshan Esther, *Beyond the Veil*, London: Marshall Pickering, 1992

————, *The Torn Veil*, London: Marshall Pickering, 1984

Sydney Nettleton Fisher, *The Middle East*, McGraw-Hill, 1990

Syed Jalal-Ud-Din Omri, *Women and Islam*, Lahore : Islamic Publication, 1990

T.W.Arnols,M.A,C.I.E, *The Preaching of Islam -A History of the Propagation of the Muslim Faith*, London: Darf Publisher, 1986

Tanzilur Rahman, *Essays on Islam*, Lahore: Islamic Publications, 1988

Tapper. Richard, *Islam in Modern Turkey*, London: I.B.Tauris, 1991

Tehmina Durran, *My Feudal Lord*, Lahore: Intikhab I Jadeed Press, 1991

The Muslim World 1995/6-10, Hartford seminary: The duncan black macdonald center

The United Arab Emirates 1993, *Ministry of Infotmation & Culture*, Abu Dhabi Uxi Mufti,

Viggo Sogaard, *Media in Church and Mission*, Pesadena: William Carey Library, 1993

Virginia Stevens Maurice Salib, *Dictionary of the Spoken Arabic of Cairo*, English-Arabic, The Amarican University in Cairo Press, 1981

Vivienne Stacey, *Women in Islam*, London : Interserve, 1995

Voll.John Obert & Sarah Potts, *THE Sudan*, Colorado: Westview Press, 1985

W. Montgomery Watt, *Islamic Philosophy and Theology*, Edinburhg: The University Press, 1987 ——— , *What is ISLAM?*, Longman London: Librarie du Liban, 1979

W.St Clair-Tisdall M.A, *The Sources of Islam*, Edinburgh: The Message for Muslims Trust, 1900

Wali Khan, *Facts are facts, The untold story of India's Partition*, New Delhi: Vikas Publishing House,1988.

Wilbert R. Shenk, *The Transfiguration of Mission*, Ontario: Herald Press, 1993

William G. Young, *Day of Small Things?*, Rawalpindi: Christian Study Center, 1991

William G.Young, *Patriarch Shah and Caliph*, Lawalpindi: Christian Study Centre, 1974

William J. Saal, *Reaching Muslims for Christ*, Chicao: Moody Press, 1991

Youssef M.Choueiri, *Islamic Fundamentalism*, London: Pinter Press, 1990

Yusuf Al-Qardawi, *The Lawful and the Prohibited in Islam*, Lahore: Islamic Publications, 1993

이슬람 연구 ③
무슬림 여성

편집위원

전재옥(위원장), 남진선, 안동규, 이영민

운영위원

전재옥(이사장), 나일선, 박재형, 방선기, 안동규,
이동휘, 이두선, 이형자, 원종근, 정영관, 홍승민, 홍순영

Editorial Board

Professor Chun Chae Ok(Editor, IIS)

Professor An Dong Kyu

Andrew Nam Chin Seon, Lee Young Min

Steering Committee

Chun Chae Ok(Chairperson), Na Ngil Son

Park Jae Hyung, Bang Sun Ki, An Dong Gyu

Lee Dong Hwi, Lee Doo Sun, Lee Hyoung Ja, Won Jong Keun

Chung Young Kwan, Hong Seung Min, Hong Soon Young

Correspondence Address

Institute of Islamic Studies, C.P.O. Box 9024, Seoul, 100-690, Korea